1日36万円のかばん持ち

小山 昇
Noboru Koyama
株式会社武蔵野 代表取締役社長

ダイヤモンド社

はじめに

一歩36円！　1日36万円！　3日で108万円！
「70人・1年待ち」でも予約殺到！
なぜ、「かばん持ち」に行列ができるのか？

「予約1年待ち」の怪現象は、なぜ起きるのか？

私は現在67歳ですが、社内でいちばん体力があります。

かつては3軒、４軒と飲み歩いても階段を軽やかにかけ上がる私に、若手社員はこう言いました。

「あの人は、バケモノだ！」

私は常々、社員に対して「私と同じ仕事をしてくれたら、私と同じだけ給料を出す」と言っています。

私と同じ給料になれば、**年収は10倍以上**になる。それでも彼らは、首を横に振ります。私の仕事ぶりを間近で見ている社員は、私が毎日どれだけ精力的に働いているかを、嫌というほど知っている。わが社でいちばん働いているのが「社長」だとわかっている。だから、彼らはこう言います。

「それだけはどうか勘弁してください」
「絶対に体力が続きません」
「小山さんと同じだけ働いたら、きっと死にます（笑）」

こう言うのは、わが社の若手社員だけではありません。

私の「かばん持ち」をする社長は全国にいます。私よりひと回りもふた回りも、あるいはそれ以上も年下の社長でも、タイトなスケジュールについていくのが精一杯。１日が終わるころには、ヘトヘトになる。**熱を出す社長や脱走する社長**もいるほどです。

それなのに、私の「かばん持ち」の**予約は70人、1年待ち。**

しかも、金額は安くはありません。

1日36万円（税込）。

といっても、ほとんどが3日間コースなので、**税込108万円**。

これだけの金額を出しても、どうしても「かばん持ちをしたい」という社長があとを絶ちません。

平成不況の時代に、なぜ、こんな**〝怪現象〟**が起きているのでしょうか？

私が経営する株式会社武蔵野では、「見る・学ぶ・体験する・共有する」実践型プログラムを提供しています。

「かばん持ち同行」もそのひとつです。

小山昇のあらゆる場面に同行・同席し、その仕事ぶりを身をもって感じることで、経営者としての心構えを会得する「3日間プログラム」。秘密事項は、一切ありません。よいことも、悪いことも、**すべてオープン**です。

早朝の出迎えから、夜のアルコール消毒（「懇親会」とも言う）まで、朝から晩まで行動をともにしながら、私の仕事をつぶさに見ていただきます。

【ある日のスケジュール】

6：00～6：30 幹部が迎えにきたタクシーで出社（車内で幹部の報告を聞く）
6：30～6：40 武蔵野本社（東小金井）到着後、社長室に直行（書類に目を通す）
6：40～7：20 スケジュール調整会議（約3か月分のスケジュールを確認）
7：20～8：40 早朝勉強会（会議を中断し、経営計画書勉強会へ）
8：40～9：50 スケジュール調整会議を再開
9：50～13：10 環境整備点検（午前）
13：10～13：50 昼食
13：50～14：20 環境整備点検（午後）
14：20～14：40 休憩
14：40～15：50 環境整備点検終了

15：50～16：30　移動（電車内で資料を読む）
16：30～18：00　お客様からの相談を受ける（2件）
18：00～18：15　「2週間後」に控えた出張用のJR特急券を自ら購入
18：15～20：00　懇親会に参加
20：15～21：30　経営サポート会員2名と2次会（ワインバー）
21：45　帰宅
（※このスケジュールは少し以前のもの。直近では、朝のお迎えは6時20分。夜は、遅くとも20時30分には帰宅）

〝脱走社長〟2人の独白

私は毎日、「分単位」、いや「秒単位」で仕事をしています。移動時間もムダにはしません。

「かばん持ち」をする社長の中には、忙しさに耐えきれず、あろうことか、**「途中で脱走した社長」が2人**もいます。

株式会社テイル（飲食業／京都府）の金原章悦《かねはらしょうえつ》社長と、株式会社ザメディアアジョン（採用・人材育成・就活サポート、出版事業／広島県）の山近義幸《やまちかよしゆき》社長です。

「『かばん持ち』のときは、小山さんのご自宅の近くにあるホテルに泊まりました。毎朝、4時半起きで、夜は懇親会や『クラブハイツ』（店名）等でした。フルバンドで『ジルバ』を踊っていた小山さんはカッコよかったです。

実践経営塾（武蔵野の経営サポートプログラム）の社長を**40、50人引き連れて、観光バスで歌舞伎町に乗りつける人を私は今まで見たことがない**（笑）。

ホテルに戻ってくるのは夜11時すぎ。それから報告書を書いて、1時すぎにやっと就寝。そんな毎日が続くと、心も体もくたくたです。

体力は奪われ、脳みそも破壊されそうになりました（笑）」（金原社長）

金原社長が「かばん持ち」を始めて、4日目（当時は5日間プログラム）のことです。

彼の疲労はピークに達し、私の目を盗んで、「マッサージ」を受けに行ったのです。

「その日は、小山さんの個人面談が目白押しだったんです。私は、チャンスだと思った。『あぁ、もうガマンできない。寝不足だし肩も凝っているから、小山さんが面談している最中にこっそりマッサージを受けてこよう』

ところが、です。

私が気持ちよくマッサージを受けていると、携帯が鳴った。

小山さんからでした！

おかしい。まだ面談をやっているはず……!!

恐る恐る電話に出ると、開口一番、

『おまえは、何をしているのだ！』と怒鳴られまして……。予定よりも早く面談が終わっていたんです」（金原社長）

その出来心が、命取り。急いで飛んできた金原社長に、私は手を出して、こう言いました。

「はい、罰金！」

「そのときの写真まで撮られ、**『前代未聞のことをしたバカ社長』**として、私は一躍有名になりました（笑）。

小山さんはバンバン仕事をして、バンバン遊ぶし、**『社長の1日はこうあるべきだ』**という姿をそばで教わることができた気がします。

自分よりも数段レベルの高い社長の仕事を目の当たりにすると、**素直に『自分ももっと勉強しよう。自分を見直そう』**と思いますから」（金原社長）

セミナーでは「やり方」を、「かばん持ち」では「あり方」を学ぶ

私は、自称「パクリの天才」です。

「マネこそ、最高の創造である」と考え、他社のマネばかりしてきました。

じつは、「かばん持ち」も、パクリです。

私の「かばん持ち」は、株式会社ザメディアジョン、山近社長のマネです。

山近社長との出会いは、13、14年ほど前になります。山近社長が「大学生に『かばん持

ち』をさせている」(「鞄持ちインターンシップ」……商標登録)ことを知った私は、さっそくパクッて、**「経営者向けの『かばん持ち』」をプログラム化**しました。

「小山さんが『かばん持ち』を始めたのは、私がきっかけでしたから、まさか私が小山さんのかばんを持つことになるとは、当時は思ってもみなかったですね。

なのに今では、実践経営塾の社長の中で、私がいちばん多く、小山さんの『かばん持ち』をしているのではないでしょうか。**もう10回**ですからね」(山近社長)

いつもは「人にかばんを持たせていた」山近社長が、初めて人のかばんを持ったとき、「あまりのキツさに我を忘れそうになった」と言います。

「スタバ(スターバックスコーヒー)で怒られ、ドトール(ドトールコーヒー)で叱られ、最初のうちは叱られてばかりで、**『何でお金を払ってまで、こんなことを言われなきゃいけないのか』**と理不尽な思いをしていましたね。

それで、**3日目(水曜日)に逃げました**(笑)。

小山さんが講演をしている最中に逃亡を図って、近くにあった**神社の境内で2時間ほど泣きました**。

何の涙か自分でもわからないのですけど、体力的にキツいとか、くやしいとか、いろいろあったのだと思います。

木曜日に、気まずい思いで戻ると、小山さんがパチンコに連れていってくれたんです。

私は全然出なくて、1万円が40分でパー。ところが小山さんは、連チャンしている。

それを見ていたらまた悲しくなって、『どうしても外せない仕事が入った』とウソをつき、広島に帰りました（笑）」（山近社長）

一歩36円！「1日36万円のかばん持ち」で社長の心得を毛穴から

「かばん持ち」の費用は、**「1日36万円」**です。

このプログラムは「3日間」ですから、私のかばんを持つ社長は、「108万円（税込）」を支払わなければなりません（以前は、5日間180万円〈税込〉でした）。

私は、多い日は1万歩歩いていますから、**一歩「36円」**の計算です。

決して安くはありません。

でも、実際に「かばん持ち」をした多くの社長からは、

「高くは感じなかった」

「値段以上の価値があった」

という感想が多数寄せられています。

どうしてなのでしょうか？


また、「かばん持ち」をした多くの社長が「途中で逃げ出したくなるほどツライ思いをしている」のに、なぜ「もう一度やりたい」と感じているのでしょうか？

山近社長は、なぜ10回も、私の「かばん持ち」をしたのでしょうか？

それは、

「社長の仕事は、現役の社長からしか学べない」からです。

「実践経営塾」などのセミナーでは、会社経営の具体的なしくみや「やり方」を学べます

が、「**社長としての『あり方』**や**『考え方』**を学ぶには、『かばん持ち』しかない」と多くの社長が口をそろえる。セミナーで話を聞くのと、実際に私の横で見聞きし、体験するのとでは、**雲泥の差**があるのです。

「社長としての考え方を学びたいなら、小山さんの隣に立って、小山さんと同じ目線で周りを見て、社長はどうあるべきかを毛穴から吸収させるのがいちばんです。

かの渋沢栄一さんは、思想と実践の大切さを『論語と算盤』と表現しましたが、**『実践経営塾』と『かばん持ち』の2つが、小山さん流の『論語と算盤』に当たる**のではないでしょうか。

結果を出している人には必ず理由があって、多くはその人の**『習慣』**になっています。だとしたら、結果を出している社長の習慣を学び、マネをしたほうがいいですよね……」

（山近社長）

「社長がどういう仕事をしているのか」を教えてくれる先生（しかも現役の社長）は、**世の中にひとりもいません。おそらく、私以外は……**。

だから多くの社長が、高いお金を出してでも、私のかばんを持とうとするのです。

1989年の社長就任以来、私は数千人の社長を見てきました。

指導した会社は600社以上に及びますが、相談にきたときは**8割が右肩下がりで、3割5分が「赤字」です。でも、現在、その中で倒産した会社はゼロ。5社に1社は「過去最高益」**です。

おかげさまで、武蔵野自体も**15年連続増収増益**。今なお記録更新中です。

2000年度、2010年度に**「日本経営品質賞」を日本で初めて2度受賞**しました。

最初の受賞を機に、本格的に他社の経営を支援する、経営サポート事業に乗り出しました。

経営にとって最も重要なことは3点――**①現場、②環境整備（朝一番の掃除）、③経営計画書**だと口酸っぱく言ってきました。真実は「現場」にしかありません。

総額108万円の価値を、1575円で体感できる

本書は「かばん持ち」を通して、「①現場」を初めて本格的に取り上げたものですが、**この1冊を読むだけで、〝経営の3種の神器〟のエッセンスが身につく構成**にしました。

また、私と、私の「かばん持ち」をした「40名以上の社長」が「かばん持ち」の最中に交わしたリアルな会話も掲載しています。

コンセプトは、**読むだけで、現場の汗を感じ、〝毛穴〟から吸収できる経営の「オール・イン・ワン」ブック**。

私の本を読んだことがない方にも、何度も読んだ方にも満足いただけるよう、出し惜しみなくすべてオープンにしました。

3日間総額108万円の価値を、1575円で体系的にお届けします。

ですから、この1冊だけは、かならず読んでください。

そして、読者の鋭い五感を通して〝毛穴〟から「40の心得」を吸収してください。

「かばん持ち」自体は、社長向けのプログラムではありますが、じつは仕事に関わるすべての人への心得でもあります。ぜひ、本書を教科書として、**多くの社員と社長がともに**学んでいただければと思います。

本書では、「三流」→「二流」→「一流」の分かれ目は何か。

どんな着眼点を持っておくと、今は三流でも一流にはい上がれるか。利益がみるみる上がり、社員と社長が一体となった組織ができるか。

私の経営指導の根幹を**「3つの対比」**で表現してみました。

この対比を見ていくだけでも、同業他社と大きな差がついていくでしょう。

天国と地獄の分かれ目は、ほんの些細な着眼点です。

この「3つの対比」や巻頭の「初公開！　1日36万円の『かばん持ち』図鑑」と、巻末の**【特別付録】**三流が一流に一夜にして変身！　3日で108万円払った社長も知らない！役立つ着眼点・習慣・秘録リスト24」は、実際「かばん持ち」を体験した社長も知らない本書独自の試みでもあります。

本書がみなさんの経営の助力となれば幸いです。

最後に、本書の作成にご尽力いただいたクロロスの藤吉豊さんと、執筆の機会をくださったダイヤモンド社の寺田庸二さんに心からの感謝を申し上げます。

２０１６年２月

株式会社武蔵野　代表取締役社長　小山　昇

1日36万円のかばん持ち——三流が一流に変わる40の心得　もくじ

はじめに

一歩36円！　1日36万円！　3日で108万円！
「70人・1年待ち」でも予約殺到！
なぜ、「かばん持ち」に行列ができるのか？　1

特別企画

初公開！
1日36万円の「かばん持ち」図鑑　35

心得37
社員教育の目的は「社長のコピー」をつくること!? 214
三流は、「社長の自慢話」をする
二流は、「社員を伸ばそう」とする
一流は、「社長のコピー」をつくる
●社長の悪口を言う幹部は「ダメ幹部」 215

心得38
創業者への「感謝」を忘れた瞬間、会社の成長は止まる 218
三流は、創業者の「お墓の場所」を知らない
二流は、創業者の墓参りに、「社長ひとりで」行く
一流は、創業者の墓参りに、「社員全員で命日に」行く
●「創業者の墓参り」を欠かさない理由 219
●かけた恩は水に流し、受けた恩は石に刻む 220

心得39
工場や倉庫をキレイにするだけで、新規顧客がどんどん増える 222
三流は、倉庫を「ただの保管場所」と考える
二流は、倉庫を「ただ掃除」する
一流は、倉庫の「ショールーム化」で儲ける
●倉庫こそ、何よりも雄弁な〝ショールーム〟である 223

特別企画

初公開！
1日36万円の
「かばん持ち」図鑑

初公開！

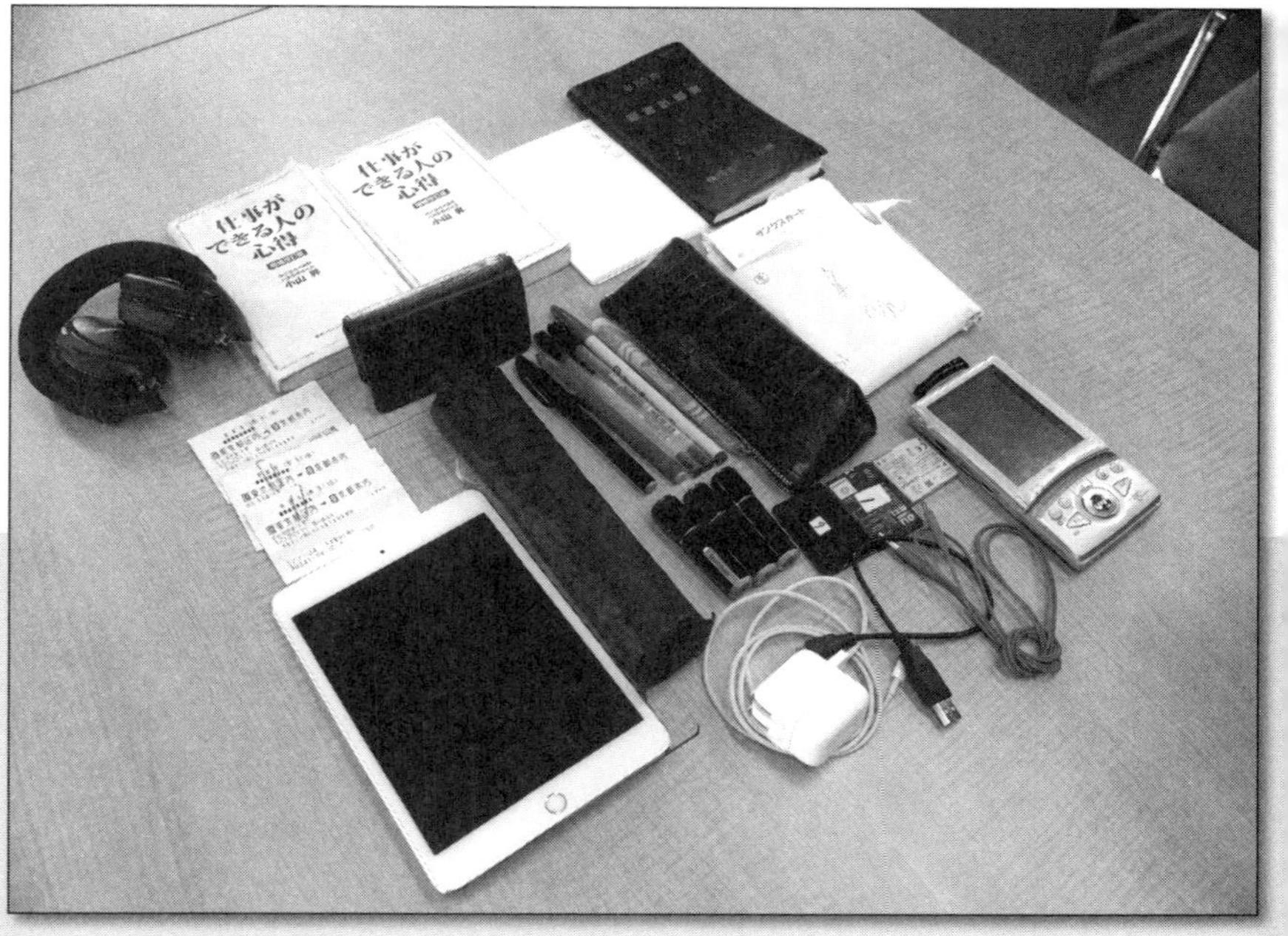

1日36万円の「かばん」の中身

「かばん持ち」～ある日の1日～

6:00

武蔵野の幹部社員と「かばん持ち」の社長がタクシーでお出迎え

車内で幹部社員から報告を受ける

7:00

役員会

8:00

中途入社面接

朝／午前中

9:00

銀行訪問

銀行の開店「前」から
待つのがポイント
(➡心得10)

12:00

ランチ

入店後すぐに出てくる
「ニラレバ炒め」を
小山昇が人数分注文。
支払いは「ジャンケン」で！
(➡心得19)

「かばん持ち」～ある日の1日～

12:30

移動

電車内で
稟議書に目を通したり、
ボイスメールのチェック
(➡心得28)

13:00

M社訪問

午後

14:00

実践経営塾で講義

15:00

移動

「先頭車両」に乗るのは
マーケティングのため
(➡心得29)

「かばん持ち」～ある日の1日～

17:00

パチンコ
実践塾

パチンコは「仮説と検証」の
大切さを学べる貴重な場。
「かばん持ち」だった
株式会社アムズプロジェクト
（アミューズメント／茨城県）の
平沼正浩社長が
90分で結果を出すのを確認する
（➡心得18）

18:00

「銀座久兵衛本店」立ち寄り後、
歌舞伎町一の高級クラブに
大型観光バスを横づけ！
（アルコール消毒を兼ねた懇親会）

「高級クラブ」は「決断の学校」！
「おもいきった」投資感覚が
学べる！（➡心得20）

午後／夜

20:00
新幹線移動

翌日の講演会のために、
新幹線で新大阪へ出発

22:30
新大阪着

23:00
ホテルにチェックイン！
「かばん持ち」1日目終了

1日36万円の「かばん持ち」で

体感できる 5つのこと

体感できること①

すき間時間の使い方

体感できること②

情報の集め方

体感できること③

社員のほめ方、叱り方

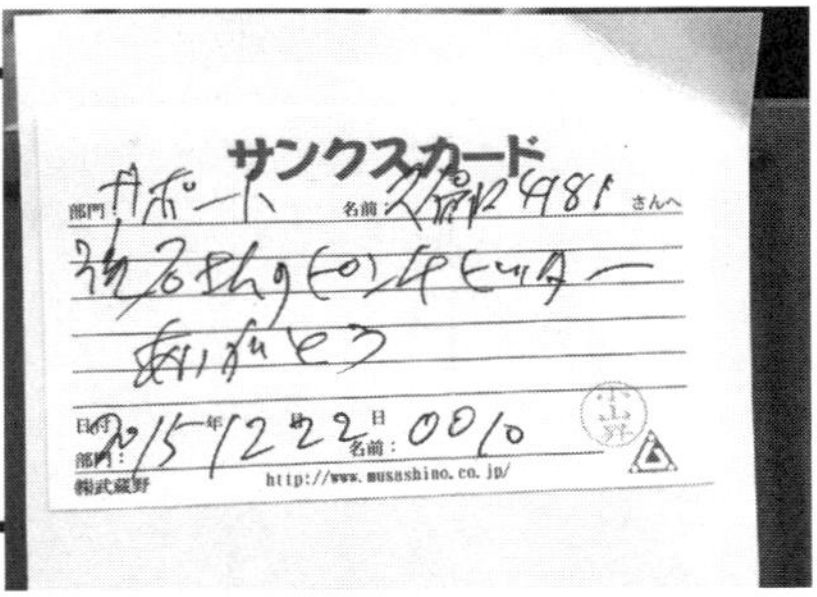

体感できること④

お金の見方

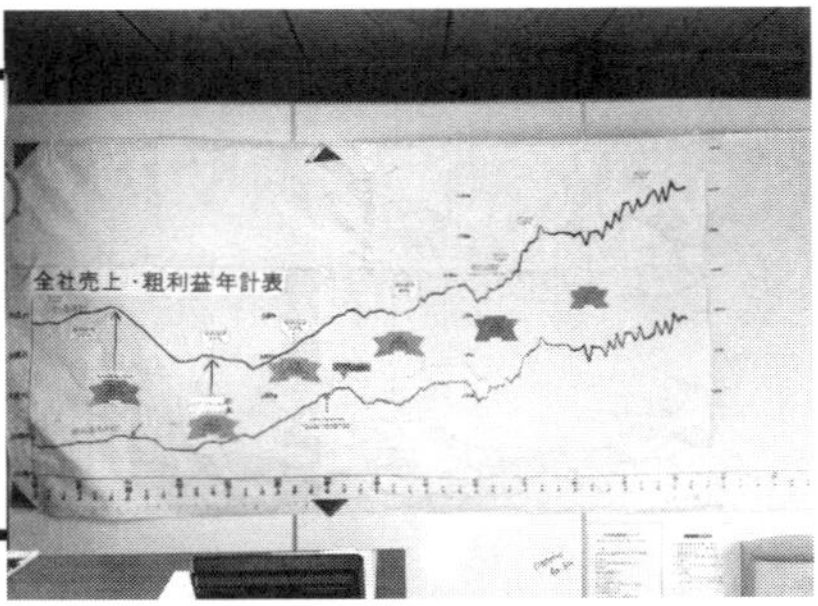

体感できること⑤

健康の保ち方

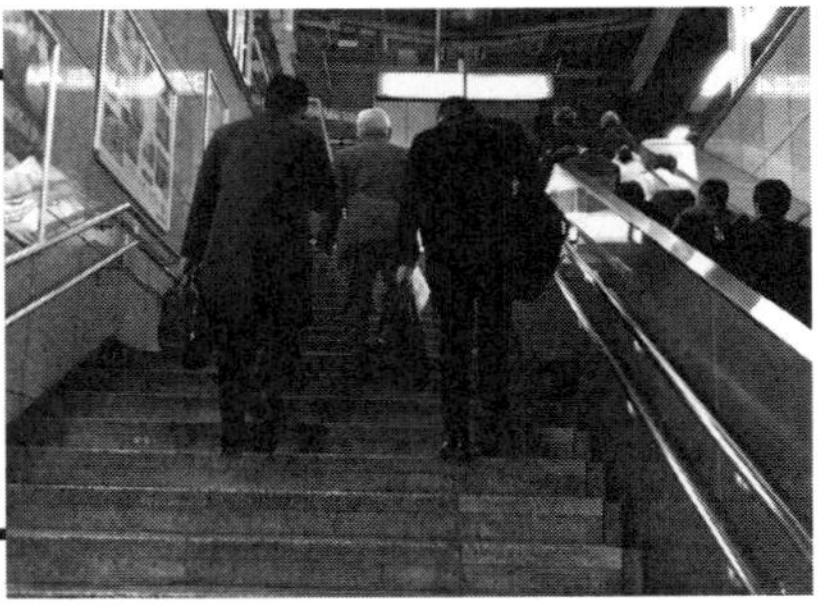

1日36万円の「かばん持ち」で
わかった衝撃の事実！

三流と、
二流と、
一流は、
何が違うのか？

三流、二流、一流の差「食事代」

三流は、食事代を「割り勘」にする
二流は、食事代を「おごる」
一流は、食事代を「ジャンケン」で決める

⇒心得19
(P136)

三流、二流、一流の差「借金」

三流は、「借金は悪」と考える

二流は、「時には借金は必要」と考え、「すぐに返す」

一流は、「とことん限界まで」借り、「なかなか返さない」

⇒心得11

(P100)

三流、二流、一流の差「電車」

三流は、「何も考えずに」電車に乗る

二流は、「車両の中央付近」に乗る

一流は、「先頭か最後尾の両端」に乗る

⇒心得29
(P180)

三流、二流、一流の差「コーヒー」

三流は、出されたコーヒーを「ゆっくり」飲む

二流は、出されたコーヒーを「急いで」飲む

一流は、出されたコーヒーを「飲まない」

⇒心得13
(P108)

三流、二流、一流の差「パチンコ」

三流は、パチンコは「運だ」と考える
二流は、パチンコは「ギャンブルだ」と考える
一流は、パチンコは「経営と同じだ」と考える

⇒心得18
(P130)

三流、二流、一流の差「利益」

三流は、「目前」の利益に焦点

二流は、「今期」の利益に焦点

一流は、「未来」の利益に焦点

⇒心得06

(P78)

三流、二流、一流の差「業績」

三流は、「自分の力」で業績を上げる

二流は、「妻の力」で業績を上げる

一流は、「ナンバー2の力」で業績を上げる

⇒心得05
(P74)

三流、二流、一流の差「経営」

三流は、売上「額」が第一

二流は、利益「率」が第一

一流は、利益「額」が第一

⇒心得30

(P184)

三流、二流、一流の差「こだわり」

三流は、「よいこと」にこだわる
二流は、「損得」にこだわる
一流は、「成果」にこだわる

⇒心得40
(P226)

三流、二流、一流の差「椅子」

三流は、「社長の椅子」にこだわる
二流は、「会長の椅子」にこだわる
一流は、「オーナーの椅子」にこだわる

⇒心得04
(P70)

三流、二流、一流の差「銀行訪問」

三流は、「年1回・ひとりで」銀行訪問する

二流は、「年2回・妻と」銀行訪問する

一流は、「年4回・幹部社員と」銀行訪問する

⇒心得10
(P96)

心得 01

どんなに売上を上げても、手元に「現金」がなければ、「2年後」に黒字倒産する

石嶋「私の会社は売上が2億5000万円あるのに、なぜか、自転車操業なんです。売上はどんどん上がっているので、いつかラクになると思うのですが……」

小山「今、預貯金はいくらあるの？」

石嶋「全部で、**48円**です！　バスにも乗れなくて（笑）」

小山「売上が上がることはいいことだけど、このままのペースで伸びていくと、石嶋社長の会社は間違いなく倒産すると思うよ。どうしてだか、わかる？」

三流は、「売上」にこだわる
二流は、「利益」にこだわる
一流は、「現金」にこだわる

売掛金が多い会社は、売上が上がるほど倒産しやすい

株式会社ミスターフュージョン（石嶋洋平社長／東京都）は、ウェブマーケティングのコンサルティング会社です。

この会社は、売上こそ伸びているものの、キャッシュフロー（お金の流れ）が非常に悪かった。資金繰りを圧迫していたのは、「売掛金と立替金が多かった」ことです。

インターネットの広告代理業は、グーグルやヤフーに広告費用を全額「前払い」する決まりです。ただし、お客様からの入金はあと。だからお金が足りなくなる。

石嶋社長が先に立て替え、あとから売掛金を回収するというサイクルが続いていました。

武蔵野が自社で開発した計算ソフト（「社長の決定ソフト」）を使って、石嶋社長に5か年の資金計画を試算させたところ、**「2年後に倒産する」**という結果が出た。

仕事を取れば取るほど、立替金が増えて、お金が足りなくなるからです。

「現金がないからどうしていたかというと、自分のクレジットカードを使ってグーグルや

ヤフーに支払っていたんです。カードを7枚も持っていて、**1年間で9億6000万円もカード**を使ったことがあります。もう、多重債務者のレベルを超えていますよね。貯まったマイルが700万マイルにもなって、カード会社の人から、**『石嶋さん、ベンツと交換できますよ』**と言われたくらいです（笑）」（石嶋社長）

そこで、お客様自身に、クレジットカードを使ってグーグルやヤフーに直接支払ってもらい、**手数料だけ取る**ようにした。

売上は減りましたが、手数料収入のビジネスに変えたことで、立替金がなくなり、安定的に現金が残るようになりました。

ミスターフュージョンは、**わずか3年間で、口座残高が「約4億円」**にまで増えました。じつに**「830万倍以上」**です。

経営は、現金に始まり、現金に終わる

私の「かばん持ち」をした多くの社長は、「売上を伸ばせば、会社はつぶれない」と考え

ていますが、それは**間違い**です。銀行の格付が7以下の会社（業績が不安定な要注意先の企業）が、「3年間125％以上」の増収増益をすると、資金ショートで**黒字倒産**します。

「売上」と「現金」は、必ずしもイコールではありません。「売掛・在庫」という概念がないと、倒産の危機を招くことがあります。現金で仕入れていて、売掛で販売していたら、帳簿上は利益が出ていても、実際には現金は減っていきます。

会社が上げる**利益の50％は税金**です。残りの半分、つまり利益の25％を予定納税として納付する。**残りは利益の25％**です。ところが今度は、借入金の返済が待っている。

では、その25％が在庫や売掛金になっていたら、どうなりますか？

資金難に陥って倒産します。これが黒字倒産のカラクリです。

現金は、会社の血液です。止まると倒産します。どんなに儲かっていても、現金がなければ、賞与も給料も支払いもできません。反対に、たとえ赤字でも、B／S（貸借対照表）を見ながら資金調達の仕方を変えていけば、倒産することはありません。

会社には最低でも、**「月商と同額の現金」**を用意しておくべきです。

経営は現金に始まり、現金に終わります。モノの長さをはかるのは「ものさし」。重さを量るのは「はかり」。そして、**経営をはかるものが「現金」**なのです。

心得 **02**

「社内不倫」の疑いがあれば、その情報を社内全員に一斉メールせよ

高尾「社内不倫が横行していて、会社が空中分解寸前です」

小山「武蔵野も以前は社内不倫がありました。でも、そのとき私は、こう言いました。『**オレもガマンしているのだから、おまえもガマンしろ**』」

高尾「……（苦笑）。もし、それでも不倫を続けるようなら、どうしたらいいですか？　あまり厳しく追及したら、会社を辞めてしまうかもしれません」

小山「社長の言うことを聞かない幹部は、不要です。辞めてもらってかまわない」

三流は、社内不倫を「見て見ぬふり」する
二流は、社内不倫を「個別に注意」する
一流は、社内不倫を「一斉メール」する

社内不倫を一掃したら、経常利益が「400倍」に！

アドレス株式会社は、福島県いわき市で、不動産の売買仲介業をしています。社内不倫を一掃したところ、多くの社員が辞めましたが、組織をつくり変えたことで、アドレスは変わった。**経常利益が50万円から2億円**にまで増えたのです。

社内不倫が組織にもたらすものは、悪影響しかありません。そもそも「既婚者は婚外恋愛をしてはいけない」というモラルを守れない人間に、組織のルールが守れるとは思えない。しかもその関係が上司と部下であれば、社内の士気を低下させるだけです。

部下がミスをしたとき、上司は手心を加えるかもしれません。一方、部下が成果を挙げれば、「上司が裏で手を回したのではないか」と周囲は疑心暗鬼になる。これでは社内のコミュニケーションは最悪になります。

ちなみに「社外」不倫は、刃傷沙汰で刑事事件にでもならない限りは、おとがめなしです。「社外」の場合は私もチェックしきれませんから、踏み込みません。各自の責任です。

社内不倫が発覚したら、1年間賞与なし

「社内」不倫をしたからといって、それを理由に社員を解雇することはできません。おかしな話ですが、「法律上は社内不倫をしても解雇できない」という判例が出ています。

そこでわが社では、社内不倫をした社員に厳罰を与えています。解雇はしない代わりに、**懲戒処分**にする。

社内不倫が横行するのは、「社内不倫をしてはいけない」というルールをつくらないからです。わが社の経営計画書には、社員の降格に関する規定があって、その中に、次のような一節文言が明記されています。

①社内不倫が発覚した場合は、事実を確認後、1等級1グループに降格とし、賞与は1年間支給しない

②1グループ社員は懲戒処分とする

それでも、過去に一度、社内不倫の噂が流れたことがあります。あるとき、匿名の女性から、1本の電話がかかってきました。

「おたくの会社は、社内不倫を見逃しているのですか？」

彼女は、夫（わが社の社員）の不貞をつかみ、思い余って電話をしてきたのです。

そこで私は、疑惑の内容を**全社員に一斉メール**で流すことにした。

「社内不倫をしている社員がいる。その奥さんらしき人から会社に抗議の電話があった」

社内は大騒ぎです（笑）。その2人は、当然、「武蔵野において不倫は厳罰」であることを知っているわけですから、青ざめたはずです。

その後、女性から電話がかかってくることはなかったので、関係を解消したのでしょう。

ふつうの会社では、不祥事をひた隠しにします。でも私は、会社にとって都合が悪いことこそオープンにします。社員の醜聞はもとより、お客様からのクレームも、すべて社員に伝えています。

そして全社を挙げて、「大変だ、大変だ」と大騒ぎしながら事態の収拾を図るから、**規律への意識**が生まれるのです。

心得 03

創業者と2代目社長の確執を一瞬にして解消する方法

遠藤「父親（会長）と大ゲンカになりました。『数字を出せないなら社長をおりろ』と言われたんです」

小山「お父さんがそう言ったのは、遠藤さんを『**守る**』ためです」

遠藤「守る、ですか？　株主総会でクビになりかけたんです。本当に冷たい会社です」

小山「息子はアホだから（笑）、親の心がわかっていない。創業者への感謝を忘れた遠藤さんのほうが、私には冷たい人に見えるんだけど、ね」

三流は、創業者に「月一」メールする
二流は、創業者に「週一」報告する
一流は、創業者と「毎朝」面談する

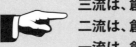

社長を辞めるか？　株を買い占めるか？

株式会社北斗型枠製作所（コンクリート2次製品用鋼製型枠専門メーカー／福島県）の遠藤正成社長は、創業者である父親（現・会長）との確執を抱えていました。

遠藤社長は2代目として「自分のやり方」を貫き通そうとしますが、なかなか数字が上がらない。業を煮やした父親は、株主総会で、遠藤社長に次の2択を迫ったそうです。

①社長をおりて、オレ（父親）の方針どおりにやるか
②会社の株をすべて現金で買い取って、おまえの好きなようにやるか

遠藤社長は「なんて冷たい会社なんだ」と思ったそうですが、そうではありません。遠藤社長は、「親の心子知らず」だった。

この話を聞いた私は、「社長をおりろ」という会長の提案が、親の愛情であることにすぐに気がつきました。会長は役員会で息子を守ろうとしたのです。

いったん降格させれば、大株主からの不満を抑えることができます。そして一度退いて、「会社を黒字にする力」を見せることができれば、返り咲くことも可能になる。そのチャンスを与えるために、あえて息子に、厳しい選択を突きつけた。

当時、遠藤社長は、武蔵野がコンサルティングをしている「実践経営塾」を受講していましたが、私は彼を**「出入禁止」**にしました。そして、すべての時間を費やして、「数字の立て直し」に注力させることにした。父親の愛情に気がついた遠藤社長は、奮起します。そして、見事に結果を出し、社長に復帰した。

「2年ぐらいはバタバタしましたけど、数字を出せるようになってからは、父親との関係も変わりました。今では、週末には一緒にお酒を飲んでいますし、月に一度は、日帰りの温泉に行って風呂で父親の背中を洗っています」（遠藤社長）

親子ゲンカのいちばんの原因とは？

私は2代目社長に対し、**「毎朝、必ず創業者に報告に行く」**ようにアドバイスしています。

親子がケンカするいちばんの原因は、２代目が親に報告しないことです。社長を退き、会長になると、人心は変わります。一線から退くことで、さみしくなる。

親子ゲンカをなくすには、息子（社長）が親（会長）に**「毎日10分でもいいから、報告をする」**ことです。報告する内容は、何だってかまいませんが、次の順番で報告します。

①はじめに「会長が知っていること（知っている人のこと）」を話す

②そのあとで「会長の知らないこと」を話す

人は、「自分に関係のあること」は知りたがりますが、関係のないことには興味を持ちません。会長が知りたいのは「自分の知る古参の社員が、がんばっているかどうか」です。

ですから、最初に会長に関係のあることを話す。そのあとで「会長が知らないこと（新入社員のことなど）」を話す。「○○という社員が新しく入った」「××が出向になった」と話しているうちに、会長も興味をなくし、

「○○のことも、××のことも知らないから、もういいや」

と、会長のほうから話を切り上げるようになるでしょう。

心得 04

会社が「赤字」のときこそ、「自社株」を買い取るチャンス！

小山「Xさんの会社は、今、利益を上げてはいけないよ」

X「え？ 『利益を上げてはいけない』って、どういうことですか？」

小山「それよりも先に、やらなければいけないことがある」

X「利益よりも優先すべきことなんて、あるんですか？」

小山「あります。それは、『**自社株を買い取ること**』です」

三流は、「社長の椅子」にこだわる
二流は、「会長の椅子」にこだわる
一流は、「オーナーの椅子」にこだわる

「株式を3分の2以上」持っていないと、どうなる？

上場会社と違って、非上場企業には「2つの椅子」があります。

① 社長の椅子
② オーナーの椅子

社長とオーナーは、どちらが上位だと思いますか？ **「オーナー」**です。

会社の支配権は、株式の保有率で決まります。保有率が多いほど、株主総会で自分の思いどおりの議決ができる。では、株式を何％以上持てばいいのでしょうか。

多くの社長は、「株式の保有率が51％あれば（過半数を超えていれば）、主導権を握ることができる」と考えていますが、51％では、支配権を揺るぎないものにできません。

株主総会で決められる決議には、「通常決議（普通決議）」と「特別決議」があり、会社の重要事項を決める特別決議は、出席株主の3分の2以上（67％以上）の賛成が必要です。

株式を67％以上持っていない社長は、いわば「雇われ社長」です。他の株主が結託すれば、解任されるケースもあるのです。

中小企業の場合、**「株は、社長が独り占めする（67％以上持つ）」**のが正しい。株式が分散していると、それだけ会社の意思決定が遅くなり、時代の変化に対応できません。

もちろん私も、武蔵野の株式を67％以上持っています。

創業者（藤本寅雄）が亡くなり、私が武蔵野の社長になったとき、保有する株式はゼロでした。数年後、私は銀行からお金を借りて、1億6000万円で武蔵野の株を取得しました（全株式の85％。創業家に配当を残すため、15％は創業家が持つ）。武蔵野が強いのは、私が株を独り占めしているからです。

赤字のときこそ、資本政策を考えるチャンス

Xさんから相談を受けたとき、私は「**借金をして株を買い取り、会社の意思決定を速くする**。Xさんは、まずはそこから」とアドバイスをしました。

しかも**運よく**、**X社は4期連続で赤字**だったので、株価は額面割れ。X社長は約800

万円の借金をして、親戚が持っていた株を買い集めた。

「こうした資本政策は、**会社の業績が悪いからこそできた**のだと思います。もし、会社の業績がよかったら、親戚たちも株を手放そうとは思わなかったでしょう」（X社長）

私の「かばん持ち」をした株式会社スクウェア（ソックス・タイツの製造・販売／大阪府）の前田哲博社長は、「当社は共同経営だから、株を独り占めするわけにはいかない」と考えていました。

しかし、**非上場会社が経営安定を願うならば、株式はひとりに集中**させたほうがいい。業績がよく、株価が目が飛び出るほど高かったのですが、「買いなさい」と指示しました。

株式を50％対50％で所有する場合、創業期や経営状態が芳しくないときは、お互いが協力をするので、うまくいく。

でも、業績がよくなると、袂《たもと》を分かつことが多い。なぜかというと、それぞれが自己主張するからです。

経営の安定化を図るには、銀行からお金を借りてでも、内部留保を減らしてでも、社長の株式保有率を**「67％以上」**にすべきです。

非上場の中小企業では、**「所有と経営を分離させない」**ことが正解です。

心得 05

「社長の実力＝会社の実力」は大間違い！ ナンバー2の実力こそ、会社の実力である

柳「先代の時代からいる社員たちが、私の言うことを聞いてくれません」

小山「社員はね、現社長よりも（先代時代の）ナンバー2のほうが正しいと思っている」

柳「どうしたら、この状況を変えることができますか？」

小山「柳さんが意思決定をする前に、必ずナンバー2に『**こうしたいと思うのだけど、どう思いますか？**』と意見を聞きなさい。ナンバー2の気持ちを無視して、強引に改革を進めてもうまくいきません」

三流は、「自分の力」で業績を上げる
二流は、「妻の力」で業績を上げる
一流は、「ナンバー2の力」で業績を上げる

先代社長時代のナンバー2が大事な理由

2代目、3代目の社長は、**「先代社長時代のナンバー2」**と、どれだけ上手につき合えるかに留意すべきです。先代社長時代のナンバー2の協力が得られないと、会社の改善が進みません。

株式会社トーセキ（プロパンガス販売／東京都）が、プロパンガスユーザーの数を伸ばすことができたのは、3代目の柳慎太郎社長が、先代社長時代のナンバー2とのつき合い方を変えたことも、大きな要因です。

社長がひとりで決めると、ナンバー2はヘソを曲げるだけです。一緒にお酒でも飲んで、膝を突き合わせて、「いろいろ教えてください。協力してください」とお願いをしてみればいい。仮に、ナンバー2から「NO」と言われたら、いったんは引き下がる。そして、時間を置いてもう一回、話をしてみる。

人間は、初めてのことは拒否するのが当たり前です。でも、2度、3度、同じことを言われると、だんだん拒否のバリアがなくなってきます。何度も「どうしたらいいですか？」と聞かれたら、「だったら、こうしたらどうですか」と答えてくれるでしょう。

ナンバー2を育てる「たった2つ」のこと

会社の実力は、社長の実力で決まるのではありません。

では、会社の実力は何で決まると思いますか？

「ナンバー2の実力」です。特に中小企業の場合、**「会社の実力は、ナンバー2の実力に正比例する」**と私は考えています。

社長が「右！」と言ったとき、「ナンバー2」も「右！」と言う会社は黒字になります。

反対に、「ナンバー2」が社長の決定に逆らって「左！」と言う会社は、赤字になりやすい。社長の決定が実行されないからです。

では、ナンバー2はどうやって育てるか。

ナンバー2を育成するとき、注意するのは次の2点です。

①**仕事を与えすぎない**

……優秀な幹部には仕事が集中します。その結果、オーバーワークでつぶれてしまうこともある。ナンバー2に新しい仕事を与えるときは、その前に、**既存の仕事をナンバー3、ナンバー4に移管**する。

②**得意な仕事に集中させる**

……ナンバー2には、**「本人に向いた仕事」を適量だけ与える**のがコツです。わが社の矢島茂人（専務取締役）は複雑で、緻密さが求められる仕事よりは、人に伝える仕事が向いている。

ナンバー2の仕事は、社長が手取り足取り教えるものではありません。本人が自ら考え、行動しながら体得するものです。

ナンバー2の育て方があるとすれば、それは**「育てないこと」**です。

成育環境を整えたら、あとは、「勝手に育つのを待つ」しかありません。

心得 06

ハウステンボス、ディズニーランド、旭山動物園……3つの共通点とは?

金原「今年はそれなりに利益が出ました。税金を払うのがもったいないので、役員になっている私の母親を退職させようと思っているんです」

小山「……。今、お母さんを辞めさせてはいけない。長い目で考えないとダメです」

金原「では、税金を払ったほうがいい、と?」

小山「お店の**『壁紙』を全部貼り替え**て、キレイにしなさい。節税よりも、お客様がひと目見て、『あ、変わったな』と思うことに投資するのが、正しい」

三流は、「目前」の利益に焦点
二流は、「今期」の利益に焦点
一流は、「未来」の利益に焦点

目の前の利益より「未来の利益」に目を向ける

中小企業にとって大切なのは、「年々売上を伸ばし、**未来のお客様に利益を投資**していくこと」です。お金は、「お客様を増やすこと」に使う。

ところが、「かばん持ち」をした社長の多くは、そのことがわかっていません。

株式会社テイル（飲食業）は、京都・大阪・兵庫・奈良・愛知にお好み焼・鉄板焼店「きん太」（20店舗）を展開するお好み焼チェーンです。テイルの金原章悦社長も、ご多分に漏れず、目先の利益にとらわれていた社長のひとりです。

金原社長は、節税のことばかり気にかけていました。そこで、「役員になっている母親に退職してもらおう」と考えた。役員退職金には分離課税などの優遇があるからです。

たしかに、退職金を払えば節税になります。でもそれは、「一回ぽっきり」の単視眼的な発想です。私は、母親を辞めさせる代わりに、「お店の壁紙を全部貼り替えて、キレイにしてはどうか」と指導をしました。

金原社長は「うちのお店はピカピカなのに、どうして壁紙を替えるのか？」といぶかしく思ったようですが、**壁紙は、汚れていなくても貼り替える**のが正しい。

リピーターを飽きさせないお金の使い方

武蔵野のダスキン事業部のように、お客様を訪問して商品・サービスを売る戦略を**「ミツバチ作戦」**。反対に、飲食店やホテルなど、店舗をかまえてお客様を待つ戦略を**「クモの巣作戦」**と私は呼んでいます。

「クモの巣作戦」の場合は、店舗がいつも同じ風景だと、お客様が飽きてしまう。だから、リピーター客を飽きさせてはいけない。最低でも5年、できたら3年に一度は、内装を変えたほうがいい。

ハウステンボス、ディズニーランド、旭山動物園の共通点は何だと思いますか？

お客様が飽きないように「利益を未来に投資」して、アトラクションや施設を常に新設していることです。

「壁紙を変えただけで、売上が10%上がりました。また、『飽きさせないこと』が重要なら、『メニューにも手を加えたほうがよいのでは』と考え、季節限定メニューを取り入れました。ホールスタッフは、お客様の注文を待っているだけではなく、『冬厳選食材を使った、**広島産特濃生牡蠣　バター醤油焼**が人気です』とお声がけをして、季節限定メニューの推奨販売をしています。**クモの巣作戦でお客様をお店に呼び込んで、店内ではミツバチ作戦でおすすめメニューを売る**、という目論みです」(金原社長)

金原社長の狙いは、見事に的中。季節限定メニューは粗利益率を高くしているため、構成比は**「売上全体の18%」**にも及んでいます。

経営は、「目先」にとらわれてはいけません。「半年後、1年後、5年後にどうなっているべきか」を考え、今すべきことを「決定」するのが正解です。

会社にとって重要なのは、**「これから先も、存在し続けること」**です。極論を言えば、**「今」は必要最低限の利益を確保したら、あとは未来に投資**すべきです。「今」は**どうでもいい**んです。たとえ、「今」儲かっていても、3年後に会社がつぶれたら、意味がない。そのことを念頭に置いて、お金のことを考えなければいけません。

Column 1

銀座久兵衛本店で「やり直しを命じ、現金払いした」前代未聞の社長

3回目の「かばん持ち」をしたテイルの金原社長から、「一度でいいから、銀座久兵衛本店（寿司店）に連れていってもらえませんか？」と頼まれたことがあります。そこで、金原社長の奥さんと、わが家の天皇陛下（妻）の4人で、久兵衛のカウンターに座りました。

「このときの体験は、超プレミアムだった」と金原社長は話しています。

「さすがは久兵衛さんですね。一貫食べただけで『職人さんも優秀でお寿司もおいしい！』と私は思ったのですが、小山さんは違ったようです。小山さんは魚（ネタ）の目利きも達人レベルですから、板前さんに『そっちのネタではなく、こっちのネタでお願いします』と注文をつけたんです。自分の目の前に出された鯛と、別のお客様に出された鯛の違いに気づいた小山さんは、『そっちの鯛もくれますか？』と。もちろん、エラそうにはしていませんし、紳士的な頼み方をしていましたけど、**追加注文という形でやり直しをさせた**こと

に変わりありません。小山さんは経営サポート会員だけでなく、**久兵衛さんにもダメ出し**をするのかと、びっくりしました（笑）。ふつうなら、出されたものをそのまま食べるじゃないですか。久兵衛ですから。おそらく板前さんも、『このお客さんは、ほかの人と格が違う。本物だ』と思ったのではないでしょうか」（金原社長）

何も私は、久兵衛にイチャモンをつけたかったわけではありません。**過去最高の鯛だったから**です。

みなさんは洋服を買いに行ったとき、自分で選んで、試着をしてから購入しますよね。でも、お寿司屋さんに行くと、カウンターではなくテーブル席に座って「おまかせ」で頼もうとする。それはおかしいのではないでしょうか。

だから、自分の目で見て、自分で選んでいるだけのことです。

また、飲食店では、クレジットカードはできるだけ使わずに、**現金**で支払うようにしています。以前、職責上位10名で食事をするので、「現金で50万円」持っていったことがありますが、なぜカードを使わないのかというと、**「現金で支払ったほうが、お店の人に覚えてもらいやすい。覚えてもらえると、次回の接客が変わる」**からです。事実、４回目に行ったとき、久兵衛の社長が挨拶にこられました。

心得 07

「値下げ」は、企業努力
「値上げ」は、もっと立派な企業努力

里和「一昨年の11月は、単月で過去最高のフル生産、フル販売をしたのに、過去最高の赤字でした。売っても、売っても、赤字です。手の打ちようがなくなりました」

小山「会社が赤字なのは、社長の里和さんが『赤字でもいい』と思っているからです。打つ手は、いくらでもある」

里和「銀行から融資を引き出すのも、難しい状況です。それでも手はあるのですか？」

小山「ある。消費税増税のタイミングで『**値上げ**』をしなさい」

三流は、どうすれば「値下げ」できるか考える
二流は、どうすれば「クレーム」がこないか考える
一流は、どうすれば「値上げ」できるか考える

消費税アップは、収益構造を変えるチャンス

2014年4月に、消費税が5％から8％に引き上げられました。「増税は中小企業の大きな負担になる」という論調もありましたが、私の見解は少し違います。

消費税の増税は、**ピンチではなく、収益構造を変えるチャンス**です。

鶴見製紙株式会社（製紙メーカー／埼玉県）の里和永一社長は、東日本大震災後、電気料金やガス料金の値上げ、デフレによる価格の下落などの影響を受け、業績を悪化させます。しかも、弱り目にたたり目で、**工場内から出火。紙製造ラインや天井の一部が焼けてしまった**のです。

業績を回復させるために、私は里和社長にある指導をしました。それは、「消費税増税のタイミングで値上げをする」ことです。

里和社長は、「便乗値上げは、バイヤーが納得してくれない気がする」と消極的でしたが、仮に**トイレットペーパー1個につき1円値上がりすると、月に4000万円の経常利益**が出る計算です。

では、どうやって値上げをするか。私が指示した作戦は、こうです。

①消費税が上がる前に、主婦はトイレットペーパーを買いだめする。店頭から商品がなくなると、バイヤーから「早く納品してほしい」と連絡がくる。そのときに粗利益額が低い（値段が安い）スーパーマーケットはあと回しにする。

②あと回しにしたら、バイヤーからクレームがくる。**クレームがきたら、「粗利益額の多い順番に納品しています」**と言う。

③するとバイヤーは、「早く納品してほしい」という思いから、値上げ交渉に応じてくれる。

つまり、儲けが出る相手には先に納品をして、儲からないところはあと回しにする。そして、**クレームがきてから、値上げの交渉をする**わけです。

取引先から、「とにかく、先に納品してください。値段のことはあとで考えましょう」と言われても、応じてはいけません。**「価格は先に決めておく。納品はそれから」**です。

先に仕事をして、あとから「この価格です」と提案しても、受け入れてはもらえません。

消費税増税以降、鶴見製紙の営業成績が回復しているのは、「おもいきって値上げに踏み切った」からです。

"特注品"で通常価格の3倍でも、なぜ売れる？

株式会社高砂（清掃用具／東京都）の吉田典靖社長も、「商品の値上げ」をして、粗利益額を増やしています。掃除機が一般的になって「ほうき」のニーズは減っており、かつては年間120万本売れていたシダぼうきは、現在、10万本程度まで落ち込んでいます。

それでも高砂が伸びている要因のひとつは、「価格を上げたこと」です。

ほうきは、1本200円程度です。薄利多売では利益が上がりにくい。そこで吉田社長は、収益構造を改善するために**「特注タイプ」**に力を入れるようになります。

「小山さんから、『特注タイプの注文を受けて、高く売れ』と言われたんです。見積もりを出すときも、少しずつ値段を高くしていきました。はじめ、通常タイプの『倍』くらいで見積もりを出したら、すんなり通ったので、もっといけるかなと（笑）。今は、粗利率が大幅に改善しました」（吉田社長）

多くの社長は、「値上げをしないこと」が企業努力だと思っていますが、それは**間違い**です。会社の業績を上げるために、**「値上げをすること」も立派な企業努力**です。

心得 08

「10種類」のメニューがあるラーメン屋より「1種類」のメニューしかないほうが、どうして儲かる？

小山 「生田さんのお店は、メニューが多すぎるから、**ひとつに絞ったほうがいい**。お店を変えたいのだろうけど、『変化＝サービスの拡大』ではないよ」

生田 「メニューが多いと、たくさんのお客様のニーズに応えられると思うのですが」

小山 「これは、資金的・人員的に余裕のない中小企業には致命傷にもなりかねない。生田さんが頭で考えたいいサービスと、お客様にとっての理想的なサービスが一致しているとは限らない。だとすれば、新サービスはお荷物にしかならない」

三流は、「10種類」のメニュー
二流は、「3種類」のメニュー
一流は、「1種類」のメニュー

サービス内容を「狭め」、サービスを「拡大」

株式会社凪《なぎ》スピリッツ（飲食業／東京都）の生田智志社長は、人気ラーメンチェーン「ラーメン凪」を運営しています。

「小山さんと昼食に行ったときに気がついたのですが、小山さんは、ＪＲ東小金井駅前の中華料理店ならレバニラ定食、この洋食屋ならハンバーグ……と、『このお店では、これを食べる』というのをあらかじめ決めていたんです。早くてうまいのがどの料理かわかっていて、それしか頼まない。うちも飲食店をしているし、小山さんからも、『商品は絞ったほうがいいよ』とアドバイスをもらっていたので、一品に絞ることにしました」（生田社長）

生田社長は、お客様から最も人気のあった「煮干ラーメン」に特化します。当初は「豚骨ラーメン」など、メニューが10種類以上ありました。メニューが多くなると、それだけオペレーションも散漫になりがちです。

「麺メニューは、『すごい煮干ラーメン』（８２０円）の1種類だけです。８２０円は高い、と思われるかもしれませんが、その代わり、煮干には徹底してこだわり、量を1・5倍に。『**一に高い、二に高い、三に高くて、四に高い、高いなりに価値がある**』。これも、『かばん持ち』のときに小山さんから教わったことです」（生田社長）

自社が提供しているサービスのうち、お客様の需要が最も高いのは何かを見極め、そこにヒト・モノ・カネの経営資源を集中させる。そして、そのサービスに磨きをかけ、その他は縮小するか、あるいは潔く切り捨てる。

逆説的ですが、**「サービス内容を狭める」という形でサービスを拡大させる**こともできるのです。

「認知経路」と「購買動機」を聞き出し、自社の強みを分析

自社の強みに社内リソースを集中させるには、**「認知経路」**と**「購買動機」**を調べることが大切です。

株式会社モリチュウ（景観材、住宅用エクステリア、厨房《ちゅうぼう》部品／埼玉県）の森雄児社長

は、お客様から認知経路と購買動機を聞き出し、事業構造を変えていきました。

私は森社長に、お客様訪問をするときは、次の**2つを必ず聞く**ように指導しました。

①「当社のことを、どうしてご存じだったのですか」（認知経路）

……広告、インターネット、紹介など、いろいろな経路がありますが、その中で特に多い経路を強化すれば、自社のことを知ってもらえる確率が高くなります。

②「どうして当社を選ばれたのですか」（購買動機）

……歴史の長さ、社員の明るさ、サービスの品質の高さなど、自社の強みがわかります。

これまでのモリチュウは、事業領域が「広くて、浅かった」ため、どの部門の業績も中途半端でした。でも、お客様から「自社の強み」を聞き出した結果、厨房部品の需要が高いことがわかった。

そこで、事業領域を**「狭く、深く」**し、社内リソースを絞り込むことで、直近の売上を前年比**157％**と大きく伸ばしています。

心得 09

「社員のために」と言う社長ほど、「自分の見栄のために」仕事をしている

小山「小田島社長は、地元の名士としてチヤホヤされたいのか、社員の家族から喜ばれたいのか、どちらですか？」

小田島「もちろん、社員の家族です。社員と、社員の家族を幸せにしたいと思っています」

小山「あなたは、言っていることと、やっていることが違う。あなたが気にしているのは、『**自分のメンツ**』だけ。このままだと、取り返しのつかないことになるよ」

三流は、「世間体を大事に」する
二流は、「利益を貯め」こむ
一流は、「縄張り荒らし」をする

右肩下がりの業界で、「5年で2・5倍」の売上を達成できた理由

株式会社小田島組《おだしまぐみ》は、岩手県内における公共土木事業を主に請け負っていて、かつては「やればやるだけ、儲かる」「待っていても仕事がくる」という状況でした。

ところが、世情の変化にともない、建設業界は厳しい経営環境を強いられるようになります。1998年以降、公共工事の急速な減少により、小田島直樹社長も「やればやるだけ、儲かる」などと大仰《おおぎょう》にかまえていられなくなったのです。

そこで私は、小田島社長にあることをやらせることにしました。

それは、**「縄張り荒らし」**です。

つまり「同業者の仕事を横取りする」ように指導をしました。

建設業界は、「ほかの地域の仕事を取ってはいけない」という暗黙のルールがあって、領分やテリトリーが慣例的に決められています。同業他社はライバルというより、実際は、古いしきたりに守られた仲間でした。

縄張りを荒らせば、業界からひんしゅくを買うのは必至です。難色を示す小田島社長に、

私はこう言いました。

「隣の地区に仕事があるのに、どうしてそれを取りにいかないのか。縄張りを荒らすのが嫌だったら、別のコンサルタントを紹介するから、そっちで勉強してください」

恥もプライドもかなぐり捨て、必死にならなければ、社員も社員の家族も守ることはできない。それなのに小田島社長は、「社員と社員の家族が大事」だと口では言っておきながら、世間体のほうが大事なのです。

「当時は、社員との飲み会があってもドタキャンして、地域の社長仲間との飲み会を優先していました。でも、今は違います。地元でいい顔をするのをやめたんです。地元建設業のパイが縮小しだした時期でしたから、小山社長のひと言で、隣の地区から仕事を取ることを決めました。**ほかの地区に飛び込んでいくのは、死ぬほど怖い。けれど、小山昇に叱られるほうが何倍も怖い**（笑）」（小田島社長）

公共事業の削減により、地方の建設業は伸び悩んでいますが、小田島組は別です。

2008年は**5000万円の赤字**（売上7億円）でしたが、2013年6月の売上は、18

億円。**5年前の「2・5倍」**に成長しています。

「5年で2・5倍」の売上を達成できたのは、新規開拓に乗り出したからです。

「昔は、どんな仕事でもやれば儲かっていたんです。でも今は違います。小山さんが言うように、『これまでと同じやり方、同じ人、同じ商品ではダメ』なんですよね。だから、仕事のやり方を変えていかなければなりません。縄張り荒らしのほかに、社員教育にも力を入れています」（小田島社長）

たとえば、1000万円の銀行預金の力は、金利が1％だとすると、年間1万円しかありません。でも、社員教育のパワーは、年間1万円以上です。

「10人に100万円ずつ投資したら、絶対に1万円以上の価値を生み出すはずです。なおかつ社員教育は、有効期限がありません。2年でも3年でもさらに増幅されます。**利益を銀行に眠らせておくよりも、社員教育に投資したほうが得**ですよね」（小田島社長）

心得 10

「月1回、1回20分、朝9時前から」の銀行訪問が融資を引き出す必殺技

菊池「小山さんは、毎回、**『なぜ午前9時前から銀行訪問』**をしているのですか？」

小山「午前中のほうが銀行も忙しくないし、時間をつくってもらいやすいからね」

菊池「だからといって、開店前から待つ必要はないのでは？ 早すぎませんか？」

小山「いや、1行目の訪問は、シャッターが上がる前から待つ。シャッターが上がって私が目の前にいれば、まっ先に挨拶ができる。支店長だって、悪い気はしないでしょう」

三流は、「年1回・ひとりで」銀行訪問する
二流は、「年2回・妻と」銀行訪問する
一流は、「年4回・幹部社員と」銀行訪問する

「銀行訪問成功」の5つのポイント

私は、定期的に「銀行訪問」を続けています。銀行から融資を受けたら、「そのお金をどのように使ったのか」を報告するのが当たり前だからです。銀行には、わが社の現状（売上・経費・利益・今後の事業展開など）について、包み隠さずに報告しています。

では、私はどのように銀行訪問をしているのか。ポイントは次の「５つ」です。

①訪問回数を多くする

回数が多いほど、銀行から信用されます。回数が多くなればなるほど、社長は「ウソがつけない」からです。10年以上前まで、私は毎月、銀行訪問をしていました。現在は取引銀行の数が多くなったため、**「3か月に一度、定期訪問」**しています（1日3行×3日間）。

②幹部社員を同席させる

幹部社員が銀行交渉に同席していると、社内の組織改革も進みやすい。銀行交渉の内容を「社長」が社員に報告したときと、同席した「幹部」が社員に報告したときでは、社員は間違いなく、**幹部の言うことを信じる**からです。

③ 訪問時間は、1行につき「20分以内」

多くの社長は「長く話すほど銀行は信頼してくれる」と思っていますが、そんなことはありません。**コミュニケーションは回数**です。同じ1時間でも「1回×1時間」より、**「20分×3回」**の訪問のほうが効果的です。

④ どの銀行にも、「同じ話」をする

同じ話をするからこそ、「この銀行はお金を貸したがっているのか」「本音では貸したくないのか」といった、銀行、支店、支店長の違いや変化をつかむことができます。

⑤ 「悪いこと」も隠さない

多くの社長は、銀行に「よいこと」しか話したがりません。でも、たとえ赤字でも、**「どうして赤字になったのか」「その赤字をなくすために、どのように対処していくつもりか」**

をきちんと報告できれば、銀行は支援してくれます。

株式会社ロジックスサービス（構内物流の請負業／宮城県）の菊池正則社長は、「かばん持ち」の最中に私の銀行訪問に同行しています。その後、私のやり方をパクって、銀行との良好な関係を築いた。**年4回、銀行訪問をするようになってから、「貸してください」から「借りてください」へ銀行の対応が変わった**といいます。

「小山社長には、『支店長のお見送りの仕方を見れば、貸したいか、貸したくないか、わかる』と教わりました。ある地銀の支店長は、お金を貸したいときは、支店の外に出てお見送りをしてくれる。でも貸す気がないときは、店内の奥でお見送りする。定期的に銀行を訪れて定点観測をすれば、そんなこともわかってしまうのです」（菊池社長）

「毎月訪問する」と意気込んでも、よほど熱意のある社長でない限り、なかなか続きません。「小口の融資だからかえって負担になる」「毎月の訪問は荷が重い」のなら、「3〜4か月に1度」でもいいので銀行訪問することが大切です。そして、**ウソをつかず、会社の現状を社長が自ら報告**する。**定期的な報告こそ、銀行の信頼を得る最良のしくみ**です。

心得 11

金利が高かろうと、使い道がなかろうと、「限界まで借金をして、なかなか返さない」が正しい

里和「金利がもったいないので、リスケをして、借入金をまとめて返済しようと思っています」

小山「里和さん、返してはいけないよ。それどころか、限界まで借りなきゃダメ」

里和「でも、使う予定もありませんし……」

小山「『**金利を気にせずに、借りられるだけ借りる**』。使わないなら、そのまま持っておくのが正しいんです！」

三流は、「借金は悪」と考える
二流は、「時には借金は必要」と考え、「すぐに返す」
一流は、「とことん限界まで」借り、「なかなか返さない」

繰り上げ返済をしてはいけない3つの理由

多くの社長が、「銀行に金利を払うのはもったいない」と言います。

でも、この考えは**間違い**です。

「金利は、会社が成長するための必要経費」と私は考えていますから、金利をたくさん払っても、「たくさんのお金を借りて、**現金をたくさん持っていること**」が正しい。

今の武蔵野があるのは、金利を気にせずにお金をたくさん借りているからです。借りたお金は、お客様を増やすため、あるいは、ライバルとの差をつけるために投入しています。

多くの会社が、1・2～1・5％の金利で借りている時代に、わが社は、2・7％の金利でお金を借りていました。倍近い金利です。でもその年度、武蔵野は会社始まって以来の増収増益になりました。反対に、「金利がもったいない」と言って融資を受けなかった会社の多くは、規模を拡大することができずに、業績を落としました。

「金利はもったいない」と考えている社長は、借入れをすると「繰り上げ返済をしたい」

「リスケ（リスケジュール）をしたい」と考えます。

でも、資金に余裕があっても、**繰り上げ返済をしてはいけません。**

理由は「3つ」あります。

①「会社が赤字でも、現金が回れば倒産しない」から

リーマンショックによって倒産した上場企業のうち、じつに**3分の2が「黒字倒産」**です。黒字でも倒産したのは、現金を持っていなかったからです。「回収サイトが長くて、支払サイトが短い」場合は、現金が足りなくなって倒産の危機にさらされます。

でも、銀行から融資を受けて現預金を持っていれば、会社が赤字でも倒産しません。前述した鶴見製紙が、東日本大震災後の難局を乗り越えることができたのは、**「金利が高くても現金を持っていた」**ことも大きな要因でした。

②「銀行が損をする」から

銀行は融資をするとき、**「期限の利益」**を考えています。つまり、「この会社にこれだけ貸すと、これだけの金利が得られる」ことがわかっています。

ところが、期限より前に返済されると、利益が少なくなってしまう。銀行は、あなたの会社が危ないときでもお金を貸してくれたのですから、**あなたの都合で繰り上げ返済をするのは、恩を仇《あだ》で返すことと同じ**です。

③銀行は「緊急支払能力の高い会社に貸す」から

銀行は「何があっても返済をしてくれる会社」にお金を貸します。**月商の3倍の普通預金**（最低でも月商と同額の現金）を確保しておけば、銀行は「この会社はキャッシュポジションがいい（手持ちの現金がたくさんある）」と判断し、融資をしてくれます。

借りた額が半分くらいになったら、銀行に「折り返し」でもう一度借りることが大切です（折り返し融資……返済した範囲内でもう一度借りること）。

たとえば、「5000万円を期間5年」で借りていて、3年で2500万円返済したとします。そのときはもう一度「2500万円」を借りて、新たに5年の長期融資をしてもらいます。

このようにして常に現金を確保しておけば、たとえ赤字でも会社はつぶれません。

心得 12

社長の名刺は、あなたが思う「10倍以上」の威力がある

小山　「井辻さんの会社は、営業部長を変えなければダメです。今の営業部長は、営業よりも工場長にしたほうがいい。そのほうが力を発揮するから」

井辻　「でも、営業部長がいなくなったら、営業をやる人がいなくなってしまいますよ」

小山　「営業は井辻さん、社長のあなたがやりなさい。社長は積極的に外に出ること。武蔵野がどうして強いのかわかりますか？それは、**『社長の私がナンバーワン営業マン』**だからです」

三流は、現場に「一切出ない」
二流は、現場に「一切まかせる」
一流は、現場に「出て、営業する」

社長は会社にたったひとりだけ！

私はほとんど、会社にいることはありません。

なぜなら、**会社の中には、わが社をよくする情報がひとつもない**からです。

武蔵野には、私の椅子、つまり社長が座るための椅子がありません。

なぜなら、私が常に営業に出ているからです。

自社をよくするのは、社長の仕事です。

「営業は大変だ」という理由で営業をしない社長もいます。特に2代目・3代目社長は、創業社長に比べ、営業をしたがりません。

創業社長は、仕事を取ってこなければ、つぶれてしまいます。だから必死に営業をする。

一度や二度、断られてもくじけない。ところが2代目・3代目はストレス耐性が弱く、あきらめやすい。


売上を上げたいのなら、社長が先頭に立って営業をすべきです。「代表取締役の肩書」は、あなたが思っている以上に威力があります。

ひとりしかいない社長が、自ら足を運んで営業にきたということに対して、営業を受ける側は、驚き、喜ぶ。信用も増し、大口の注文が入り、業績が上がる。

クレーム対応も同じです。担当者よりも、営業部長よりも、工場長よりも、社長が謝りに行ったほうがいい。先方は怒っていたのも忘れ、逆に恐縮するかもしれません。それくらい社長の名刺には重みがあります。

社長の肩書きを利用し、「過去最高益」を達成

私の「かばん持ち」をした井辻食産株式会社（食品業／広島県）の井辻龍介社長は、**営業をしない典型的な3代目**でした。そこで私は、井辻社長にこう言いました。

「業績の悪い会社の社長は、『社長の仕事は、決裁すること』だと考えている。これは間違いです。もちろん『決裁』も大切な仕事だけれど、それ以上に大切なのは、**トップ営業**をすることです」

そして、私の言うとおりトップ営業に励むようになり、**5700万円という過去最高益**を出したのです。

「会社の業績をよくするには、**お客様の数**を増やさなければいけません。そのためには、トップ営業をすることが大切なのだと、改めて実感しています。私どもの営業先は、主にスーパーのバイヤーさんや商社ですけど、『エッ、社長さんですか？　社長さんがお見えになる会社は井辻さんのところだけですよ』と言って、喜ばれますね」（井辻社長）

また、社長が営業に行くと、一担当者ではなく、役職者に取り次いでもらえることがあります。「わざわざ社長がお見えになったのだから、こちらも役職者でないと失礼に当たる」と思うのでしょう。

一般社員に営業しても、その人に決裁権がなければ、先は長い。でも、役職者はたいてい決裁権を持っているので、回り道をせずに商談を進めることができます。

心得13

訪問先で出された「コーヒー」を飲んではいけない

小山「川村さんの会社は低温商品に特化した運送業だよね。配送ルートは全部でいくつ？」

川村「約50です。社員だけでは網羅できないので、外注も使っています」

小山「だったら、外注先が回るルートと、社員が回るルートを入れ替えたほうがいい。どうして入れ替えたほうがいいのかわかりますか？ **『アナグマ（穴熊）社長』**の川村さんには、入れ替える理由がわからないかもしれないね」

川村「ア・ナ・グ・マ社長……？」

三流は、出されたコーヒーを「ゆっくり」飲む
二流は、出されたコーヒーを「急いで」飲む
一流は、出されたコーヒーを「飲まない」

一流社長のコーヒーの飲み方

多くの社長は「現場を見るのは、当たり前」と考えています。

ところが、実際には現場に出向いて情報を拾い上げている社長は、ごくわずかです。

私は、月に4~5社ほど「お客様訪問」（経営サポート会員の会社訪問）をしています。

その際に心がけていることは、お客様の「現場」を隈なく見て歩き、

・その会社が「どうしたら業績が上がるか」
・その会社が「どこで（何で）業績を上げているのか」

を見つけることです。

訪問先では、「お茶もコーヒーも出さなくていいです」と言っています。お茶を飲んでいる時間がもったいない。

真実は現場にしかない

応接室に通されてお茶を飲んだところで、「どうしたら業績が上がるか」はわからない。会社をよくする情報は「現場」にしかありません。

株式会社低温（低温商品の物流／奈良県）の川村信幸社長は、かつて、現場を知らない「アナグマ（穴熊）社長」でした。

アナグマ社長とは、会社ばかりにいて、外に出ない社長のことです。

この会社は、冷凍チルド食品の配送、青果物、水産物の配送などが主な仕事です。「約50」ある配送ルート（奈良県中心）を社員と外注を使って網羅していたのですが、私は、あることに気がつきました。

それは、

「外注先が受け持っているルートと、低温の社員が回っているルートを入れ替えたほうがいいのではないか」

ということです。

低温の社員は「距離の長いルート」を受け持っていたため、残業が増えていました。

そこで、外注費用と社員に支払う残業代を比較してみたところ、「残業代のほうが高い」ことがわかった。

仕事の効率を考えて発注した**「外注」が、じつは「害虫」**になって、お金を食い散らかしていたのです。

私は、「かばん持ち」をしていた川村社長に「ルートの入れ替え」を提案しました。ルートを入れ替えた結果、どうなったと思いますか?

毎月「250万円」の純利益が出たのです。

私は常に現実・現場の目線で考え、経営判断を下すように心がけています。自分自身が見聞きしたこと、体験したことによってのみ考える、と言ってもいい。

なぜなら、**「真実は現場にしかない」**からです。

心得 14

ア・ナ・グ・マ社長でも、「5つのコツ」だけで飛び込み営業は成功する

本村「出版社や印刷会社を回って飛び込み営業をしているのですが、一件も新規開拓ができません。門前払いばかりです」

小山「本村製本の強みは、何ですか？　ライバルと差別化できるところは？」

本村「24時間体制を敷いているところでしょうか」

小山「営業のコツは、『自社の強みをアピールする』こと。今すぐ、『**24時間超特急製本サービス**』のチラシをつくりなさい」

三流は、訪問営業「しない」
二流は、訪問営業「件数」にこだわる
一流は、訪問営業「回数」にこだわる

トップ営業を成功させる「5つ」のポイント

本村製本株式会社（埼玉県）は、出版物、印刷物の製本会社です。出版業界は典型的な右肩下がりで、印刷所や製本所の倒産が相次いでいますが、本村製本が堅調に伸びているのは、**（17年で売上10倍）**、本村真作社長がトップ営業を始めたからです。

本村製本は、製本ラインを24時間稼働させることで、業績を上げています。「24時間超特急製本サービス」というチラシをつくってDM（ダイレクトメール）を送り、それが届いたころを見はからって、訪問することにした。すると、**5か月連続で新規契約**が取れ、**新規だけで「4500万円」**の売上を上げることができたのです。

本村社長は、既存客へのルート営業はしていましたが、新規開拓はまったくしていませんでした。「門前払いにされると心が痛む」からです。

でも今では、「コンビニで缶コーヒーを買うのと同じくらい、何でもないこと」だと感じています。そこまで変われた理由は、回数をこなしたことで、慣れたからです。

かつての本村社長のように、「営業をこれまでしてこなかった」「営業があまり好きではない」というアナグマ社長のために、トップ営業のポイントを「5つ」紹介します。

①「営業=売り込み」は勘違い

飛び込みやテレアポだけが営業活動ではありません。広告を出すのも、看板を設置するのも、商品サンプルを配るのも、口コミを誘発するのも、営業です。私が『ラジオNIKKEI』で「小山昇の実践経営塾」というラジオ番組に出演しているのも、トップ営業です。

②訪問「件数」より訪問「回数」

新規の契約が取れるかどうかは、訪問「件数」ではなく、訪問**「回数」**で決まります。特に、業務用市場は、**回数に正比例**します。「こんにちは」「さようなら」の挨拶だけでもいいので、何回も訪問することが大事です。

③解約されたお客様を「3か月後」に再訪問

お客様から解約があっても、「その商品を2度と使わない」ということではありません。

料金受取人払郵便

小金井局承認

511

差出有効期間
2016年5月31日まで

切手を貼らずにお出しください

郵便はがき

1 8 4-0 0 1 1

東京都小金井市東町四―三―八

株式会社　武蔵野

経営サポート事業本部　マーケティング事業部

小山昇の書籍ご感想係　行き

※このハガキにご記入いただきました個人情報は、当社の個人情報保護方針に基づき、安全に管理し、保護の徹底に努めます。なお、当社個人情報保護方針の内容については、ホームページ（http://www.musashino.co.jp/privacy.html）をご参照願います。また、このハガキの集計結果は、弊社の商品・サービス向上のために利用させていただきます。

書籍のご感想をお聞かせください

こちらは弊社ホームページに掲載させていただく可能性がございます。
ご了承いただける場合は下記チェック欄にチェックをお願いいたします。

□ ホームページへの掲載を許可します。

会社名：

役職：　　　　　　　　氏名：

書籍名『1日36万円のかばん持ち』

ライバル会社に流れるわけです。

ですから、解約をされたら、「3か月経ってから再度訪問」をする。そして、**「なぜ解約したか」**を伺います（解約後すぐだと、本当のことは話してくれません）。お客様の不満に耳を傾け、解決策を提示できれば、戻ってきてくださる可能性が高くなります。

④ 営業に行く日を宣言

あらかじめ、「営業に行く日」を予定に組み込んでおきます。何か月も前からホワイトボードに予定を書いておけば、社員の目にも留まります。もし予定どおりに営業に行かなければ、「社長、サボったな」と思われる。だから、行くしかありません。

⑤ 社長室に椅子を置かない

武蔵野の社長の机には椅子がありません。立ったまま仕事をしています。社長だけでなく、内勤の人を除いた部長や課長も同じです。いくらなんでも1日中立って仕事をするのはツライので、どうしても座りたくなる。すると、**仕方なく電車（あるいは車）に乗って営業に行くようになるしくみ**です。

心得 15

社長がお歳暮を直接届ければ、30年間、ライバル会社からお客様を守ることができる

日野「お中元やお歳暮を届けるときは、前もってアポイントを取っているのですか？」

小山「お客様の予定を伺っていたら、250社は回れない。だから、**アポなし**」

日野「アポなしだと、社長や担当者が不在のときもあるのでは？」

小山「お客様がいらっしゃらないときは、置き名刺をすればいい。お客様は『ひとりで挨拶にきた』のと『2人で挨拶にきた』のとでは、『2人』のほうがうれしいよね。だから私と店長の2人分の名刺を置いて帰ります」

三流は、「切り花」で縁をぷっつり切る
二流は、「花」をそもそも持参しない
一流は、「根のある花」でお客様に根を張る

30年間、お客様の心を射止めるのは、「切り花」か？「胡蝶蘭」か？

私は、「粗利益額が多いお客様上位」に対して、表敬訪問（お中元とお歳暮の訪問）を続けています。

そうすることで、お客様に感謝の気持ちをお伝えすることができますし、「お客様からのお叱りの声」を聞くこともできます。お客様の不満に耳を傾け、改善へつなげることで、ライバル会社から現在のお客様を守ることができます。

私は、１９９９年までは年間４５０社、２０００年からは２５０社、お中元・お歳暮でお客様を訪問してきました。**30年以上続けていますが、私が表敬訪問した会社の中で、ライバル会社に取られたお客様は「ゼロ」**です。

担当Aの車でお客様を訪問し、終わったところにBの車が待ちかまえていて、その次はCの車に乗って……と、次々と車に乗って、お客様訪問をしたこともあります。

お渡しするのは、**胡蝶蘭やシクラメン**です。品物は宅配便でも送れますが、心は送れない。だから私は、自らお花を届けています。

そして、お花と一緒に、武蔵野の「営業案内」もお渡ししています。「わが社には、これだけの事業部があり、社長の小山はこれだけの活動をしている」ということを知っていただくためです。

訪問先では、長居はしません。特別な用事がない限り、「こんにちは」「さようなら」で終わり。それで十分です。

「かばん持ち」をした社長の中には、私のお歳暮（お中元）訪問に同行した社長もいます。トリックスターズ・アレア有限会社（アミューズメント／東京都）の日野元太専務執行役員も、そのひとりです。

「お歳暮訪問の最中に、小山さんが、同行しているダスキン事業部の店長を怒鳴ったことがありました。それも、お客様の前でです。最初の訪問先で、小山さんは店長に『花を机の上に置いたまま、どうぞ、と言ってはいけない。手渡しをしなさい』と指導していました。それなのに、2件目でも同じことをした。『言われたことを愚直に守らなかった』ことに小山さんは怒った様子でした」（日野専務執行役員）

お客様の前で叱るのも、社長のやさしさです。「ほめるときは大勢の前で。叱るときは1対1でこっそりと」と言う人もいますが、私はそうは思いません。**「叱るのもほめるのも、人前でないと成長しない」**と考えています。**恥をかくことは最上の学習機会**です。

もうひとり、トーセキの柳社長も、「かばん持ち」の最中に「小山昇が社員を怒鳴りつけている場面」に出くわしています。

「お歳暮訪問の現場では、武蔵野の社員に対して、とても細かい指導をしていました。『挨拶をするときは、社長の小山ときた、と言え』とか『もう一歩、部屋の奥に入って挨拶をしろ』とか。一度、移動中の車内で、社員の坂本恭《やす》隆《たか》課長に怒鳴っているところを見たんです。理由は、切り花を持って行ったから。**『切り花は縁を切るから、ダメ。お客様には、ずっと根づくという意味を込めて、鉢植えにしないとダメ』**と言って。でも、愛のある叱り方だったと思います。翌日の早朝勉強会では『坂本はこんなことをやった』と笑いに変えていましたから、坂本さんは**2度と間違えない**でしょうね」（柳社長）

心得 16

離職率を下げたければ、「1日1時間以上」社員をほめなさい

小山「吉川社長は、『かばん持ち』の間、私の行動をストップウォッチで計っていたね」

吉川「何にどれだけ時間を使っているか記録していたんです。その結果、衝撃的なことがわかりました」

小山「衝撃的なこと？　何それ？」

吉川「社員に感謝したり、ほめたりする時間がとても多かった。小山さんは、『**1日当たり1時間も社員をほめていた**』んです！」

三流は、社員を「叱り」続ける
二流は、社員を「励まし」続ける
一流は、社員を「ほめ」続ける

サンクスカードは「小さなこと」をほめるしくみ

新卒採用にせよ、中途採用にせよ、「この会社を辞めよう」と思って入社をしてくる人はいません。

にもかかわらず離職率が高いとしたら、社長（上司）がほめないからです。人にほめられると承認欲求が満たされ、「辞めるのをやめて、がんばってみよう」という気持ちに変わることがあります。

わが社では、「ほめる」をしくみ化しています。そのひとつが、「サンクスカード」です。サンクスカードは、会社として、または上司として、社員に感謝の意を表すしくみです。

大きな契約を取ってきたり、大きな手柄を立てたりするのは、せいぜい1年に1、2回です。そうなると社員は、1年に1、2回しかほめられないことになります。

これでは、承認欲求は満たされにくい。ほめるときは、**「小さなことをたくさんほめる」**ほうが効果的です。

「新人が落ち込んでいるときに、食事に連れていってくれてありがとう」「忙しいときに手伝ってくれてありがとう」と、小さな感謝を添えてカードを送ります。

するとカードを受け取った側は、うれしくなる。特に「お客様からおほめの言葉がありました。ありがとう」とお客様の声を伝えると、社員はやる気を出します。

ところが、「サンクスカードを書こう」と提案したところで、社員はなかなか書こうとしません。そこで武蔵野では、

◆月に5枚以上書くと、500円もらえる

◆一般社員は月10枚、管理職は月20枚以上出さなければ、罰金5000円

と決めています。早い話が「お金で釣っている」のですが、それでもいい。「罰金を取られたくない」「500円がほしい」という不純な気持ちで「サンクスカード」を書いたとしても、「罰金を払いたくないからサンクスカードを書いた」とネタばらしをしない限り、もらった側も素直に喜べる。罰金は、社員旅行のジャンケン大会の賞金になります。

1日1時間、社員をほめていますか?

株式会社プリマベーラ（古書、ＤＶＤなどの販売／群馬県）の吉川充秀社長は、「かばん持ち」をしているとき、「私が1日の中で、何に、どれくらいの時間を費やしているのか」をアクションごとに計測し、「社員をほめる時間」がとても長いことに気づいたそうです。

「『かばん持ち』をした5日間、小山さんが『何に何分使ったか』を記録しました。そして、ピボットテーブル（エクセルのデータ集計・分析機能）を作成したところ、**『1日当たり1時間以上、社員をほめるために時間を使っていた』**ことがわかったんです。サンクスカードを書いたり、ほめるネタを見つけてはメモしたり、送別会に参加したり……、小山さんは、**社員へ感謝を伝えるために使う時間がとても長い**。そのことに大きな衝撃を受けました」（吉川社長）

人材教育の基本は**「ほめて伸ばす」**ことです。

私は、何かと言えば社員をほめています。「成果を出した」と聞けばほめ、「禁煙に成功した」と聞けばほめ、見苦しい茶髪を黒髪に戻したのを見れば、ほめます。ほめられたら、人はうれしい。だからいっそう、仕事にまい進する気持ちになれるのです。

Column 2

まさに〝象形文字〟！なぜ、サンクスカードはあえて「悪筆」なのか？

わが社では、会社として、または上司として、社員に感謝の意を表す「サンクスカード」を書いていますが、サンクスカードは、**必ず手書き**です。

なぜなら、手で書くと**「同じことが書けない」**からです。手で書いているときは「その人のこと」しか思っていませんから、必ずその人を思う内容になります。

滋賀ダイハツ販売株式会社（自動車販売／滋賀県）の後藤敬一社長は、社員の誕生日や結婚記念日にお祝いのメッセージを送っていましたが、すべて携帯メールですませていたため、コミュニケーションが希薄になっていました。手間をかけないと心は通じません。

「小山さんに『これは見るだけ。コピーも写真も撮ってはダメ』と言われ、タクシーの中でハガキを渡されたんですね。サンクスカードも、誕生日や結婚記念日のメッセージも、**す**

べて手書きでした。しかも小山さんの筆跡は独特で……、こう言ったら小山さんに怒られてしまうかもしれませんが、**象形文字**というか、**暗号**のようなんです（笑）。なので、何て書いてあるのか、なかなか解読できません」（後藤社長）

たしかに、私の字はキレイではありません。でも、私はあえて暗号化して、読みにくくすることがあります（笑）。

「文字が読みにくいと、奥さんにも聞いてみると思うんですね。『小山さんからハガキが届いたけど、何て書いてあると思う？』って。小山さんはわざと読みにくく書くことで、**家族の会話のきっかけ**をつくろうとしているのではないでしょうか」（後藤社長）

もちろん、私にも分別はありますから（笑）、新卒内定者のご両親に挨拶のハガキを送るときは、〝象形文字〟は使いません。丁寧に書くように心がけています。

後藤社長も手書きに変えたことで、社員からお礼を言われるようになったそうです。

「何人もの社員から、『ハガキを送ってくださり、ありがとうございます』と言われるようになりました。デジタルからアナログに変えたことで、社員とのやりとりが生まれたのです。メールのときはまったく反応がなかっただけに、うれしい変化ですね」（後藤社長）

心得 17

自分の考えがある社長より、〝からっぽ社長〟のほうがあとで伸びる理由

星「新店舗の立地を探しているのですが、なかなか場所が決まりません」

小山「あなたのダメな感覚で店を探しても、ダメな場所しか見つからない。それに、吹いたら吹っ飛ぶような会社の社長の言うことを、不動産屋が聞くわけがない」

星「では、どうすればいいですか?」

小山「簡単です。自分で考えようとしないで、『**私の言うとおり**』にすればいい」

三流は、「成功体験」を貫く
二流は、「とことん本を」読む
一流は、一途に「マネ」る

言われたとおりにできる社長は、なぜ成長するのか？

私はこれまで、多くの社長を指導してきました。しかし、指導しなかった社長もいます。それはどんな社長かというと、「相談だけしてきて、実行しない社長」です。

「相談に乗ってほしい」という社長に対し、私は次のように言い続けています。

「相談をする前に、私が指導したことを、そのとおり〝やるか〟〝やらないか〟を決めてください。私の言うとおりにやる覚悟があるなら、時間をつくります」

決して私が傲慢なわけではありません。多くの会社を指導してきた経験から、**「自分の考えを捨てられない社長は、会社を危険にさらす」**ことがわかっているからです。いくら相談をしても、それだけでは何も変わりません。人も会社も、**「実行して変わる」**のです。

覚悟を決めた社長の8割は、内心、「自分の考えと、小山昇の考えは違う」と思いながらも、シブシブ私に言われたとおり実行します。

「自分で考えても成果が出なかったのだから、成果が出ている小山昇のやり方を取り入れてみよう」と考える社長は、その後、大きく変わります。

有限会社宮川商店（飲食業）は、東京・大手町、四谷、豊洲の一等地に「やきとり宮川」をかまえています。外食産業冬の時代に、**前年比で2ケタ成長**を続ける優良企業です。「やきとり宮川」が立ち直れたのは、星浩司社長が「自分を捨てることができた」からです。

「もともとからっぽだっただけです（笑）。からっぽだから、何を聞いても恥ずかしくありません。小山さんにどんどん質問して、教えられたとおりにやっただけです」（星社長）

赤坂地区の再開発にともない、溜池山王店が立ち退くことになったときも、私はこう言いました。

「星さんでは、立ち退き料の交渉はうまくいかない。向こうはプロ中のプロが交渉に出てくるから、あなたみたいなペラペラな社長では太刀打ちできない。でも大丈夫。私に言われたとおりにやりなさい。大事なのは、宮川の溜池山王店がお客様に愛されているということを、担当者にわからせることです」

そして星社長は、「私の言うとおり」に立ち退き交渉を進め、予定していた額の**「2倍の立ち退き料」**を手にすることができたのです。

理屈はいらない！　とにかくマネろ

「かばん持ち」をしているときも、星社長は、行く先々で、「今、何を見ていたのですか」「今、何を感じたのですか？」と何度も質問をしてきました。

「なぜですか」と素直に聞ける社長は優秀です。自説にとらわれている社長よりも、**実績を出している人の言うことを「はい」と聞いて、すぐに行動する素直な社長のほうが成長**します。

「『かばん持ち』は、小山さんを疑似体験できる時間だから、自分で勝手な解釈をするのはやめました。『小山昇は何を、どう考えるのか』をつかむことが大事なのであって、『僕がどう思ったか、僕がどうしたいか』は二の次でいい。『かばん持ち』は、自分の考えにとらわれず、小山さんの**『コアの部分』を学ぶ格好の機会**でした」（星社長）

ほとんどの社長は、人のマネをしたり、「自分の考えを持たず、人の考えに従う」ことを恥ずかしいと考えます。でもそれは、**違う**。自分の考えどおりにやって失敗するほうが、よほど恥ずかしいし、成果が出ている人のマネができないほうが、よほど恥ずかしい。がんばって成果を出せない社長より、**「人の言うとおりに実行して、成果を出す社長」**のほうが、正しいです。

心得 18

パチンコと経営の非常識な関係！
パチンコの勝率と社長の実力は比例する!?

橋本「『かばん持ち』をしていていちばん驚いたのは、すき間時間にパチンコ店に行くことです。パチンコをするときもあれば、ホールを見渡すだけのときもありますね」

小山「娯楽のためにパチンコ店に入ったわけではないよ。私には、『パチンコが強い社長の会社は、業績がいい』という持論がある。なぜだかわかりますか？」

橋本「……？」

小山「パチンコが強い人は、『**仮説と検証**』にすぐれているからです」

三流は、パチンコは「運だ」と考える
二流は、パチンコは「ギャンブルだ」と考える
一流は、パチンコは「経営と同じだ」と考える

経営もパチンコも、「仮説と検証」がすべて

私は、飲む、打つ、買うすべて大好きで、特にパチンコは強い。ここ数年の勝率は、7～8割です。「かばん持ち」をする社長たちは、「小山さんが勝てるのは、博才があるからだ」「オカルト的な運を持っているからだ」と言いますが、そんなことはありません。

私が勝てる理由は、「仮説・検証」をしているからです。

「かばん持ち」の社長は、何も考えずに空いている台に座ります。

ところが私は、過去のデータから仮説を立て、「どの台が出そうか」を見極めています。「出そうな台」がないときは、ムダな勝負は避けて、その店を出る。だから、負けません。

アポロ管財株式会社（清掃業／東京都）の橋本真紀夫社長が「かばん持ち」をしたとき、私が「台には座らず、ホールを歩いただけ」だったのは、「出そうな台」が見当たらなかったからです。

「この台は、これこれ、こういう理由で出るかもしれない」というデタラメな仮説を立て

て、打ち始める。出れば「仮説は正しい」ことが証明されますし、出なければ、「どうすれば出るようになるのか」を検証できます。

しかも私は、自分の台だけでなく、両隣の台にまで目を配っています。ふつうの人が打つのは、目の前の1台だけです。私は、両隣を合わせた3台の出目《でめ》を見ながら、「どうしたら当たるか」を考えています。

すると、たとえば「123」「184」「232」「654」「766」「677」では、どの出目が当たりに近いのか、高い確率でわかるようになります。

また、人間にはその人なりの継続性がありますから、パチンコ店の店長は、基本的には同じサイクルで玉を出しています。

したがって、店長の玉を出すサイクルを覚えてしまうと、「今日、どの台を出そうとするか」の見当がつくわけです。

負けた要因の裏に「勝てる要因」がある

経営もパチンコも、**人間のクセや心理**を無視していたら、勝てません。私の場合は、データをもとに「お客様はどうしたら喜ぶのか」「ライバル会社の動向はどうか」を繰り返し検証しています。

たとえば、「Aという商品の需要がBよりも大きくなりそうだ」と仮説を立てたら、Aを重点的に売ってみる。「Aがどれだけ増減したか」を数字で検証し、増えていれば、仮説の正しさが裏づけられます。

パチンコで負けるのは、負ける要因があるからです。そして、負ける要因の裏には、必ず、勝てる要因があります。パチンコで負けたとき、「どうして負けたのか」を検証しない社長は、会社を改善することができません。

仮説と検証をして、うまくいかなかったら「どうしてだろう？」と考える。

物事を一方向から見るのではなく、「こっちの方向から考えるとどうか、あっちならどうか」を検証するのです。

Column 3

パチンコ嫌いの社長が、「パチンコ実践塾」のときだけ勝ち続ける秘密

私は「かばん持ち」の社長と、**仕事中に**「パチンコ」に行くことがあります。

といっても、サボろうと思っているわけではありません。パチンコも、**立派な教育の場**です（「パチンコ実践塾」と呼んでいます）。

普段はパチンコをしない株式会社島屋（建材卸、加工／広島県）の吉貴隆人社長も、「かばん持ち」のときだけは、パチンコを打ちます。そして、勝ちます。

「小山さんが、『吉貴さんは、この台に座るといいよ』『この台の、このあたりを狙うといいよ』『あと○回くらい回せば、大当たりするよ』と教えてくれます。台の上に書いてある数字を見て、『**この台で、これくらい回ったら、出る**』**という仮説**を立てているのだと思いますが、この仮説がびっくりするくらい当たるんですね。私は小山さんと3回パチンコに行きましたが、3回とも言われたとおりになりました」（吉貴社長）

「かばん持ち」の社長は、ただパチンコ台の前に座っているだけですが（笑）、私は違います。たとえば、「3で割って整数になるときは、当たりに近づいているのではないか」「同じ数字が2つ横に並んだときは、当たりが近づいているサインではないか」など、いろいろな仮説を立てながらパチンコ台に向かっています。そして、打ちながらデータを取り（たとえば「677」のあと、**何回転目**で当たったかなど）、負けたら「なぜ負けたか？」、勝ったら「なぜ勝ったか？」を検証しています。だから、「こうすれば出る、こうすれば出ない」という法則を見つけることができるのです。

「パチンコは運だ」と言う人がいますが、私は**「運」に頼らず、過去のデータや実績などから判断をして、「当たる台」を見極め**ています。

仮説を立てず、行きあたりばったりで打ち始めたら、「どうして出なかったのか（出たのか）」がわかりません。したがって、仮説を立てない人は、当たるか外れるかを「運」にまかせるしかないわけです。私の場合は、仕事も遊びも、データをもとに「どうして」「どうすれば」を繰り返し検証して、**「法則」や「原理原則」**に目を向けている。だから、パチンコでも仕事でも、毎年好調な数字をたたき出しているのです。

心得 19

なぜ、ランチェスター戦略の本質は「ジャンケン」にあるのか？

黒岩「僕は、この1週間、小山さんにジャンケンで全勝するつもりだったんです」

小山「私は、向かってくる相手は全力でつぶす主義だからね（笑）」

黒岩「全勝すると宣言して、1週間で20万円も負けたのですから、コテンパンです。でもどうして、小山さんはジャンケンが強いのですか？」

小山「それは、黒岩さんの『**トレンドを読んでいた**』から。多くの社長はジャンケンは公平だと思っているが、それは違う。ジャンケンは不公平なものです」

三流は、食事代を「割り勘」にする
二流は、食事代を「おごる」
一流は、食事代を「ジャンケン」で決める

「ジャンケンで勝ち残る」＝「自社のシェアを伸ばす」

実践経営塾の参加者と懇親会に行くと、最後は「シェアジャンケン」（↓140ページ）をして、負けた人が勘定を支払うのが決まりです。

「シェアジャンケン」とは、「グー・チョキ・パーのうち、いちばんシェアの多いほうが勝ち」というルールです。「シェアジャンケン」をすると、たいてい新参の社長が負けます。なぜなら、「トレンドがわからない」からです。反対に、古参の社長は、トレンドを見られる。体験的に、「グー・チョキ・パーの中で、シェアを取れるのは何か」「なんとなくグーが危ない、パーだったら大丈夫だろう」という傾向がわかり、支払いを免れるのです。

支払いをする社長の中には、「初めてやるから不利だ。このジャンケンは、新人が負けるようになっている」と不満を口に出す人もいる。そんなとき私は、こう言います。

「それは違う。あなたが参入した事業がうまくいかなかったとします。そのとき、ライバル会社は、『こうすればよくなる』と教えてくれますか？　教えてくれませんよね」

経営において、あとから事業に参加した会社（新規参入）が負けるのは、正しい。負けたのは、その業界に踏み込んだからです。そして、大いなる学習をした。経営もジャンケンも同じで、**シェアを取るという意識を忘れてはいけません**。

会社の利益はシェアに正比例するので、中小企業は、自社と同じサイズの「小さなマーケットで大きなシェアを取る」のが正しい。「シェアジャンケン」で勝ち残ることと、自社のシェアを地域トップに引き上げることは、本質的に同じです。けれど、「かばん持ち」をする社長は、そのことに気がついていません。

新人社長の数人がジャンケンで負けると、私が帰ったあとで愚痴を言い合います。これが同期で仲間ができるしくみです。また、経営サポート事業は**同業種・同地区1社限定**なので、勝った先輩社長がいろいろ教えてくれます。本音で話せる社長仲間ができます。

ランチェスター戦略（弱者の戦略）では、市場における「シェアの割合」によって、「シェア1位の企業を強者」、「それ以外を弱者」と区別します。弱者である中小企業が目指すのは、「地域でナンバーワンになること」「**商品ひとつでも**ナンバーワンになること」です。

①単品ビジネス、または2社間競争（一騎打ち）なら「2位に3倍の差」

②複数の製品カテゴリーを扱う場合、または3社以上の競争なら、2位に約1・7倍差をつけることができれば、優位に立てると考えられています。

ジャンケンは決して公平ではない

私は、「かばん持ち」をしている社長と「1対1」のジャンケンをします。負けたほうが、ランチやコーヒー、お酒をおごるのが決まりです。ガソリンスタンドやTSUTAYAなどのフランチャイズを展開する株式会社佐藤商会（東京都）の黒岩禅執行役員は、無謀にも「全勝する」と宣言をした。「カチン」ときた私は、返り討ちにした（笑）。経営サポート会員だった銀座の高級クラブ「叡《えい》」では、「どの手で黒岩さんが負けるか」をあらかじめコースターの裏に書いてからジャンケンをした。ジャンケンのあとでそれを裏返すと、黒岩さんとホステスは驚きの声を上げた。そのとおりの結果だったからです。

「小山さんは、私の一挙手一投足から客観情報を集め、その情報をもとに仮説・検証していたんです。たとえば、**『いつもはハンバーグを真ん中から食べるのに、今日は端から食べていた。真ん中から食べるときはグーを出している。でも今日は端から食べているから、グーは出さないだろう』**と仮説を立て、私のトレンドを見ていたんですね。ジャンケンは公平ではないことが身をもってわかりました」（黒岩執行役員）

Column 4

黒字の社長ほど「シェアジャンケン」に強い理由

「シェアジャンケン」は、「グー・チョキ・パーのうち、いちばんシェアの多いほうが勝ち」（シェアの多いグループにいた人から、先に抜けていく）というルールです。このルールなら、20人以上でジャンケンをしても、すぐに勝敗が決します。

ただし、「ラッキールール」があって、**「オンリーワンは勝ち」**です。

5人でジャンケンをしたとき、4人がパーを出し、ひとりがグーを出したとします。ふつうのジャンケンなら、グーは負け。でも、「シェアジャンケン」では「グーを出した人（＝オンリーワン）」は勝者として認められます。

「シェアジャンケン」は、心理戦です。「シェアジャンケン」で勝つには、市場（メンバーが何を出すか）を読む力と勝負する度胸（どこで勝負を仕掛けるか）が必要です。戦略を立て、いつ攻めるかを考えなければ勝てない。そこがこのジャンケンのおもしろさです。

「シェアジャンケン」のルール

① 数が多いほうが勝ち
② 1対1は、ふつうのジャンケン
③ オンリーワンは勝ち

例：6人で「シェアジャンケン」をして負けた人が支払いをする場合

	1人が支払う	2人が支払う	3人が支払う
	引き分け（再勝負）	引き分け（再勝負）	引き分け（再勝負）
	引き分け（再勝負）	引き分け（再勝負）	引き分け（再勝負）
	の支払い	は支払い とで決戦	ととで支払い
	とで決戦	とで支払い	とは支払い の4人で再勝負
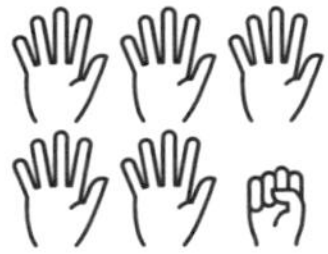	がオンリーワン（「ラッキールール」）で勝ち の5人で再勝負　（がでも勝ち）		

※「シェアジャンケン」は小山昇が、「ラッキールール」は久保田輝男（故人）がそれぞれ発明。

心得 20

高級クラブとは、「おもいきり」が身につく「決断の学校」である

小山　「地方で飲みにいけば、ひとり5000円か6000円で飲める。でも、歌舞伎町一の店だと、その値段では飲めない。しかもジャンケンで負けたら、みんなの分も払わなければいけない。それが何度も続いたとき、後藤さんはどう思った？」

後藤　「相当頭にきましたけど（笑）、だんだんお金に対する感覚が麻痺したというか、変化したというか……、『まぁ、しょうがないか』と思うようになりましたね」

小山　「**『経済感覚が麻痺したのは、正しい変化』**です。なぜなら、大きな決断ができるようになるから」

三流は、高級クラブに「まったく行かない」
二流は、高級クラブで「ただ飲み会」する
一流は、高級クラブを「決断の学校」にする

ケチな社長こそ、高級クラブに通いなさい

株式会社後藤組（建設・土木／山形県）の後藤茂之社長は、高級クラブに行ったおかげで、「お金」に対するリミッターが外れました。経済感覚が変わったのです。

後藤社長は物事を慎重に考えるタイプです。私とは真逆で、「飲まない、打たない、買わない」社長です。高級クラブなんて、もってのほか。ところが、「かばん持ち」の最中は、私につき合わなければなりません。

私と後藤社長、それと、小田島組の小田島直樹社長の3人で、高級クラブに行ったことがあります。

「歌舞伎町でもいちばん高い店に行きたい」という小田島社長たっての希望で、高いお店を選んだ。森伊蔵（焼酎）のボトルを入れ、**小一時間軽く飲んで16万円**です。

「ジャンケンで勝った人（ひとり）は支払わない。負けた2人で折半する」と決めてジャンケンをしたところ、私が勝った。当然です。半分の8万円を支払うことになった後藤社長は、内心、こう思ったそうです。

「小田島さんはいいよ、自分で『いちばん高い店に行きたい』と言ったのだから。でも、小田島さんがあんなことを言わなかったら、8万円も払わず、3万円くらいですんだのではないか。負けたのだから、払うしかない。ダダをこねても仕方ないし……」

後藤社長は、その後も負け続け、嫌々ながら仕方なくお金を払い続けました。でも、その結果どうなったか。**経済感覚が麻痺して、投資に対する決断力がついた**のです。

なぜ、高級クラブは「決断の学校」なのか？

経済感覚が麻痺すると、どうなるか？　投資に対する決断が変わります。

「なるべく経費を抑えてお金を残そう」という考え方から、「お客様を増やすために未来に投資しよう」という考えにシフトできる。

たとえば、よさそうな土地を見つけたときに、後藤さんなら「買っても使う気がないからやめておこう」と以前はそう考えていました。

でもこれからは、**「使えそうだから先に買っておこう」**と積極的に考えるようになった。

人は、何十年もかけてつくった自分の価値観をなかなか壊せない。壊せないから、売上も変わらない。

そのことに気づいてもらうために、私は「かばん持ち」の社長をジャンケンで負かしています。**「負ける」という経験をしないと、今のやり方を手放せない**からです。

株式会社大商金山牧場（食肉製造養豚業／山形県）の小野木重弥社長も、お金に対するリミッターが外れた社長です。

「私はもともと、ドケチでセコい（笑）。成果が出るとわかっていることでも、高ければ投資はしない性格でした。けれど、小山さんから、『社員教育も設備投資も、高速道路の通行料と同じ。**常に安いほうを選ぶのは、経営者として間違っているよ**』と教えていただいたんです。より早く成果に結びつけるためには、お金を払う必要がある、ということですね。その後は、劇的にお金の使い方が荒くなりました（笑）」（小野木社長）

「かばん持ち」の社長と店でジャンケンをするのは、私が「タダでお酒が飲みたい」からではありません。

強制的に、社長の価値観を変えるためです。「遊びと仕事は同じである」ことを教えたいからです。

高級クラブは、決断の大切さを学べる「決断の学校」なのです。

心得 21

成功率と失敗率が「五分五分」のとき、行くか、退くか？

佐々木「小山さんが手術されたと聞き、本当に驚きました。難しい手術だったのですか？」

小山「医師からは『50％の確率で後遺症が残るかもしれない』との説明を受けました」

佐々木「後遺症が残るか残らないか、五分五分の確率なら、小山さんも手術を受けるか悩んだのでは？」

小山「どうして悩む必要があるの？　即決で『やる』と決めたよ。**『成功率50％でやらない人は、社長に向いていない』よ**」

三流は、成功率50％に「ビクビク」する
二流は、成功率50％で「熟考」する
一流は、成功率50％で「即断即決」する

「成功率50％」はビッグチャンス！

忘れもしない、２０１３年11月13日のことです。あの日は、カーポート佐々木（自動車販売／広島県）の佐々木正知社長が「かばん持ち」をしていました。実践経営塾の講師を務めていた私は、新宿の京王プラザホテルで、ランチェスター戦略について話をしていました。ところが、講義途中でろれつが回らなくなり、一瞬、何を話したらいいのかがわからなくなった。体は動く。手も動く。けれど、言葉が出てこない。記憶喪失か……？

１分ほどで記憶は戻ったので、その後は、いつもどおり話を進めることができました。講義を終えて家に戻る途中、「今日は少し疲れたから、パチンコでもして、スッキリしてから帰ろうか」と考えていました。すると、佐々木社長がこんなことを言ったのです。

「小山さんは以前、『体調が悪いときは、パチンコもジャンケンも負ける』とおっしゃっていましたよね。今日は小山さんも疲れている様子なので、別の日にしたらどうですか」

私は「それもそうだ」と思って、タクシーで家に戻ることにしたのです。

すると玄関先で、妻が血相を変えて立っていました。

どうやら、わが社の曽我都生子《ともこ》部長（当時課長）から夫の曽我公太郎部長に、「体調がよくないようだ。講義の最中におかしいところがあった」という連絡が届いたようで、「ちょっと休めば治る」という私の言葉には耳を貸さず、妻は病院の手配をした。

検査の結果、脳に先天的な疾患が見つかり、私は即入院。その後、手術を受けることに。もし、佐々木社長のひと言がなかったら……、そして、私が病院に行くことを拒んでいたら、今ごろここにいなかったかもしれません。

まれに見る奇形の「硬《こう》膜《まく》動《どう》静《じょう》脈《みゃく》瘻《ろう》」の手術はとても難しく、医師から「50％の確率で何らかの後遺症が残るかもしれない」との説明を受けました。でも、私は迷わず、「やります」と答えた。

ふつうの人のパチンコの勝率は、せいぜい2割台、イチロー選手だって、打率は3割台です。だとすれば、「50％（5割）」は高確率と言えます。やらなければ損です。

これは、仕事にも当てはまります。多くの社長は、リスクを怖れてチャレンジをしません。「失敗する確率が50％もあるなら、やらないほうがいい」と考えます。

でも**私は違う**。ましてや、会社経営は「命」と違ってやり直しがきく。たとえ失敗しても、もう一度立て直すことができる（私は今、何の後遺症もなく、ピンピンしています）。

プラスの事柄とマイナスの事柄があると、多くの社長は、マイナスの事柄に気持ちを奪われます。「失敗したら困るな、失敗したくないな」と考える。けれど、**私は逆**です。「失敗はしたくない」と嘆いたところで、事態が好転することはありません。だったら、マイナスは目をつぶってやってしまったほうがいい。

どんなことでも「6回」失敗すれば、7回目に成功する

新しいことを試みるときに、成功する確率は50％。失敗する確率も50％です。ということは、たとえ当てずっぽうでも、50％の確率で当たります。失敗したら、もう一度やり直す。このときも、成功と失敗の確率は50％ずつですが、失敗確率50％の半分は25％なので、この時点で、成功確率は75％です。

このように考えていくと、**6回も失敗すれば成功の確率は99％**となります。

多くの社長は、1回で成功させようとしますが、経営で大切なのは、失敗をしないことではありません。トライ＆エラーを繰り返しながら、**少しずつ正解に近づいていけばいい。**

会社経営においては、**「下手な鉄砲も数撃ちゃ当たる」**が正しい社長の姿勢です。

心得 22

ストレスに負けない社員をつくるたった「2つ」のこと

川村「小山さんと比べると、私は全然、社員に声をかけていません」

小山「社員は会議の場では本音を言わない。じゃあ、本音が聞ける場所はどこか」

川村「飲み会ですか？」

小山「そうです。上下関係を意識せずに飲めば、お互いにどんな人間かわかる。25年ほど前、わが社の部長昇格試験は、『**1時間以内に42度の焼酎を1本、ロックで空けること**』（2人がかりでもいい）だったからね」

三流は、社員と「飲まない」
二流は、社員と「月1回」飲む
一流は、社員と「年166回」飲む

「ストレスに弱い」若手社員を育てる2つの方法

人材の定着を図るためには、社員のストレス耐性に留意しなければなりません。今の若手社員は、ストレスを忌避する傾向がこれまでの世代よりも強い。

特に、2015年度の内定者から、圧倒的にストレス耐性が弱くなっています。「ストレス耐性が弱い」というのは、私の印象批評ではありません。

わが社では、人材の採用に際して、日本生産性本部が提供している「エナジャイザー」という分析ツールを使って各自の資質を数値化していますが、分析結果を見ると、ここ数年、ストレス耐性がプラス（＝ストレスに強い）と判定された若者はほとんどいません。

したがって今の時代は、**「ストレスに弱い人を採用して、少しずつストレス耐性を強くしていく」**のが正しいマネジメントです。

では、どうすれば、社員のストレス耐性を強くすることができるのでしょうか。

わが社では、主に「2つ」の方法でストレスに負けない社員を育てています。

① 社長と幹部、幹部と一般社員のコミュニケーション量を増やす

ストレスに弱くなった原因のひとつは、ゲームやスマホ（スマートフォン）への依存度が高まり、人とのコミュニケーションが少なくなったことです。

そこで武蔵野では、評価面談や飲み会を定期的に実施して、コミュニケーションの回数を増やしています。

病気になる前は、**年間166日**、社員と酒を飲んでいました。社長だけではありません。部長も課長も、それぞれ月に数度は部下と「サシ飲み（1対1の飲み会）」をする。これを義務づけています。飲み代は会社持ちですが、酒席をサボったら、評価が下がります。

株式会社低温の川村信幸社長は、「かばん持ち」終了後、すぐにわが社のマネをして、「サシ飲み」を取り入れた。その結果、「部下との信頼関係が深くなった」と実感しています。

「お酒の席だと仕事中はしないバカな話もするので、部下から『社長もそんなことを考えているんですね』と言われるようになりました。今までは、『社長が何を考えているかわからなかった』そうなんです。でも飲みに行くようになってからは、フランクに、本音でキャッチボールができるようになりました」（川村社長）

お酒が飲めればバカなことも言えて、部下ともコミュニケーションが取れる。上司と部下のコミュニケーションがよくないと、部下が伸びない。だから武蔵野では、「食事を一緒にする」というコミュニケーションスキルを大切にしています。

②「傾聴」に徹する

蝶よ花よと育てられた今の若手社員に、「上からの一方的な指示（命令）」はストレスになるだけです。そこでわが社では、「傾聴」（耳を傾けて、熱心に聞くこと）に徹しています。「ああしろ、こうしろ」ではなく、「キミはこの会社でどうしたいのか、どうありたいのか」を社員から引き出しているのです。

そして、若手社員から「給料は××万円くらいほしい」といった希望が出たあとで、「××万円の給料をもらうには、A評価を2回続けて取る必要がある。キミの場合、A評価を取るためにはこういうことをしたほうがいい」と具体的なアドバイスをします。

自分の希望を実現するためのアドバイスであれば、若手社員はそれほどストレスを感じずに受け入れるようになります。

心得 23

「今よりもいい人材」を採用するより、「今いる人材」を〝最強〟に

池畑 「トラック運送業界は人材不足で、なかなかいい人が集まりません」

小山 「それはどの業界でも一緒。中小企業は、いい人材を採ろうと思ってはダメ」

池畑 「でも、それでは生産性を上げることはできません」

小山 「だったら、社員教育をして、『**今いる人材を最強の社員に**』すればいい」

三流の口グセは、「誰かいい人いないかな?」
二流の口グセは、「即戦力を採用」
一流の口グセは、「現有勢力を最強に」

「辞めても次がいる時代」から「辞めたら次がいない時代」へ

私は、時代認識として、「これ以上、日本の景気はよくならない」という前提で経営をしています。

少子高齢化で人口が減れば、マーケットの縮小は避けられません。「不況感から抜け出しつつある」という意見もありますが、それは、消費税増税以降、消費者の意識に小さな変化が起きているからです。

政府は消費税増税（2014年4月）を機に国債を買い戻し、そのお金が市場に流れ出たことで株価が上向きました。これで、消費者の経済感覚も「気分的に」上向いた。

さらに、最低賃金の見直しで収入が増えたことで、消費動向にも変化が生まれています。値段の安さから、「少し高くても、品質重視」へと消費者のニーズが変わってきたのです。

また、増税によって公共投資が増え、それに応じて雇用も増えています。

ところが、人口が減少しているので労働力が不足しています。

これまでなら「人が辞めても次がある」と考えられましたが、これからは違います。

「その人が辞めたら次はもういない」のです。

飲食業界は、生産年齢人口（15〜64歳の年齢層）の減少による人手不足が深刻化していますが、ほかの業界とて他人事ではありません。「かばん持ち」をした池畑運送株式会社（三重県）の池畑弘樹社長も、人材不足を実感しています。

増税を境に、**「辞めても次がいる時代」**から**「辞めたら次がいない時代」**へと変わりました。消費税が上がるまでは、業績のよい会社は、「営業力の強い会社」でしたが、増税後は、**「いかに人を大切にしているか」**が会社の業績を左右するようになったのです。

今すぐ、「今いるメンバー」の社員教育を

社員が辞める。募集をかけても人が集まらない。すると、どうなるか？

まず、会社の業績が下がります。残った人たちの負担が増えて、組織が疲弊します。そして社内がギスギスしてきてまた社員が辞めていきます。この負のスパイラルの行き着く先は、倒産です。

人の採用がままならない以上、「今よりも優秀な人材がほしい」という考えは改めたほう

がいい。「今いるメンバー」が最善だと考え、「今いるメンバー」の社員教育をして人材の定着を図るべきです。

「トラック運送業界のように、労働集約型の産業（人間の労働力に依存する産業）はどこも人手不足で、それでいて生産性を上げる必要があります。運送業は、どこもやることは同じですから、社員教育をして、『人』で差別化を図るしかありません。私が社員を武蔵野さんの実践幹部塾で学ばせているのも、学べば学ぶほど、社員の顔つきが変わってくるのがわかるからです。社員教育をしているのと、していないのとでは、全然違うと思います」（池畑社長）

私はかつて、やる気のない社員を解雇することも考えました。しかし、その直前で「待てよ」と思い直した。しょせん武蔵野は、ちっちゃな中小企業です。社長の私が落ちこぼれである以上、社員を入れ替えたところで状況は改善されないに違いない。だとすれば、今いる社員を鍛える。この6年間、**70人の課長職以上で辞めた人はゼロ**です。

やる気のない社員を解雇したところで、代わりに優秀な人材が入社してくれるとは限りません。ならば、今いる人材を鍛え直すのが最善策です。

心得24

なぜあの人は、社員の夫婦ゲンカの理由まで知っているのか？

桑原「どうして毎朝、幹部社員にタクシーの中で報告をさせているのですか？」

小山「それは、『**前向きだから**』です」

桑原「前向き、ですか？」

小山「社長と向かい合わないほうが話しやすいから。社長との面談は、机を挟んで向かい合うと社員が緊張してしまう。でもタクシーは2人が前を向いているから、『前向きの話』ができるよね（笑）」

三流は、プライベートに「一切踏み込まない」
二流は、プライベートを「なにげなく聞く」
一流は、プライベートに「とことん踏み込む」

朝の「お迎え」は、〝定性〟情報を集める絶好の場

わが社の幹部は、毎朝6時に駅でタクシーを拾い、持ち回りで私を迎えにくる決まりです。自宅から会社までの所要時間は、約30分。この時間は、私にとって欠かせない情報収集の時間です。主に、数値化できない〝定性情報〟を集めています。

幹部は会社に到着するまで、**①「部下の情報」**、**②「お客様の情報」**、**③「ライバルの情報」**の3つを、**「固有名詞を入れて」**私に報告する決まりです。

私は口を挟まないで、ひたすら聞き役に徹します。私が話をしたら、情報が入らないからです。「社長、知っていますか？」と問われて、たとえ知っていても「知らない」と答える。「知っている」と答えたら、情報が入ってこなくなります。

幹部にとって、お迎えは試練です。緊張を強いられる30分になります。なぜなら、聞いている私には、報告の内容や話し方から、その社員（報告者）が「きちんと仕事をしているか、していないか」がわかるからです。

かつては、報告が早く終わった社員をタクシーからおろしたことや、15分しか報告でき

なかった社員を、部長から課長に降格させたこともあります。

「報告の時間が短かったくらいで更迭は厳しい」と思われるかもしれませんが、具体的な名前（固有名詞）が出てこなかったり、ひとつの話題を引き延ばそうとするのは、幹部がきちんと現場を把握していない証拠です。**「真実は現場にしかない」**のですから、現場を知らない幹部に厳しくするのは当然です。

社員のプライベートにとことん踏み込む理由

「部下の情報」を報告するときは、プライベートにまで踏み込みます。

多くの社長は、「社長や幹部が、部下のプライベートに踏み込んではいけない」と考えていますが、私はそうは思わない。社員同士の絆を強くするためにも、そして、社員を守るためにも、わが社では、過干渉にならない程度に踏み込んでいます。

ですから、タクシーの中では、「社員Aが、結婚寸前まで行っていた相手と別れた。ほかの相手とつき合いそうだ」「社員Bが、消費税増税前に家を買おうとしている」「社員Cが奥さんとケンカをしている」といった、プライベート情報も報告させています。

「かばん持ち」の社長は、朝のお迎えから私に同行するので、私がどのような報告を受けているのか、どのように情報を聞いているのかを体験できます。

株式会社高田魚市場（卸売市場・鮮魚販売／大分県）の桑原猛社長は、「タクシーの中で吸い上げた情報を、すぐに現場にフィードバックする点がすごい」と感想を述べています。

「小山さんはメモを取らず、うなずいているだけ。情報を浴びるように聞いていて、ときおり『ああしろ、こうしろ』と即決して終わりです。会社に到着したあと、タクシーの中で話題になった社員にすぐに声をかけますし、早朝勉強会のときに、『Aさんは、こうこうだから、こうするといい』とネタにすることもあります。名前が挙がった社員は、『何でそこまで知っているのか、どうして私の情報を持っているのか』とびっくりしていましたね。あれは、すごい。社員に関心がなければできないことです」（桑原社長）

社員のプライベートを把握するといっても、社員の弱みやスキャンダラスな話に終始しているわけではありません。

私が社員のプライベートに踏み込むのは、社員が今どのような問題を抱えているのか、どうして成績が上がらないのかを知ることで、**社員の心の健康を守る**ことができるからです。

Column 5

美人社長が「かばん持ち」を決断した「不純な動機」とは？

私は常々「結果が清く潔いものであれば、動機は不純でもいい」と言っていますが、株式会社田野井製作所（工具製造／埼玉県）の田野井優美社長ほど、不純な動機で「かばん持ち」をした社長はいません（笑）。

〝美人社長〟といわれる田野井社長が「かばん持ち」をした理由は、**ズバリ「婚活」に役立てるため**です（笑）。

「小山さんは『オレは結婚相談所じゃないぞ（笑）』と言いながら、アドバイスをくださいました。武蔵野では、『エナジャイザー』という人材の適性診断ツールを使っているのですが、私もこのツールを使って適性を見ていただいたんです。すると、**『世話好き』の項目がマイナス**だとわかりました。小山さんからは**『田野井さんは〝世話好き〟の項目が高い男性を選んだほうがいい』**と言われたんです」（田野井社長）

田野井社長が、実践経営塾の懇親会の席で、「『世話好き』の項目が低かった」という話をしたところ、仲間の社長たちから「田野井さん、簡単だよ。『世話好き』を上げるには、小山さんの『かばん持ち』をすればいい」と言われたそうです。

田野井社長は、お酒の勢いもあって、「いいダンナさんをゲットするために、『かばん持ち』をします！」と宣言。私の「かばん持ち」に立候補しました。

「北新地のお店にもご一緒させていただいたのですが、小山さんは高級クラブの女性と握手をしただけで『彼氏がいるか、いないか』『いないとしたら、いつ別れたか』を次々と当てていったんです。ドンピシャでした。どうしてわかるのか、最後まで小山さんは教えてくれません。七不思議ですね」（田野井社長）

では、田野井社長は結婚できたのでしょうか？　残念ながら、いまだ独身です（笑）。

「女性は非力ですし、体力的にも男性にはかないません。男性の社長が『かばん持ち』をするときより、小山さんは女性の私に気を遣われたのではないでしょうか。私の『世話好き』は大きく上がったのに、**結果的に、小山さんの『世話好き』もさらに上がってしまいましたね**（笑）」（田野井社長）

心得 25

社員旅行は、仕事より優先！参加次第で「賞与」が増えるしくみ

吉田「武蔵野の社員旅行は全員参加が基本ですが、お客様から急なオーダーが入ったとき、社員がいなくても対応できるのですか？」

小山「留守をまかせるパートにはベテランもいるから、若手社員にまかせるより安心（笑）」

吉田「突発的な注文が入って、どうしても社員旅行に参加できない社員もいるのではありませんか？」

小山「そのときは不参加を認めます。ただしその場合、『**賞与の評価を下げる**』」

三流は、社員旅行を「一切しない」
二流は、社員旅行を「嫌々ながら」やる
一流は、社員旅行を「一流旅館で強制」する

なぜ、社員旅行は「強制参加」が正しいのか？

最近、若手社員を中心に、「社員旅行は大の苦手」という人が増えています。「会社の人と旅行に行っても楽しくない」「お客様とのアポがあるので、社員旅行に行く時間がない」「面倒だし、人と関わるのが嫌」「年の離れた人と同室になるのが苦痛」……と、さまざまな理由をつけては、参加を嫌がります。

では、武蔵野はどうか。わが社では、定例行事として毎年欠かさず続けています。

◆社員旅行への参加状況を賞与と連動させる
◆不参加者の旅行積立金は、退職するまで返却をしない

というルールがあるので、全社員が参加しています。「規則をつくって、無理矢理、強制的に連れていっているのではないか」と思われるかもしれませんが、そうではありません。

わが社の社員旅行は楽しいので、社員は喜んで参加しています。

宿泊するのは、加賀屋や富士屋ホテルなど、ナンバーワンの高級旅館やホテルです。「一流とは何か」を体験的に知ってもらい、業務に活かしてもらうのが狙いです。

「現金争奪ジャンケン大会」など、下世話なイベントが目白押しですし（笑）、大好きなお酒がいくらでも飲める。そもそも、こうしたイベントを楽しめる人だけを採用しているので、社員旅行が苦手な社員はいません。

わが社の社員は「面倒なこと」をやりたがらないので、仕事をするときは、「嫌々ながら仕方なく」やりますが、社員旅行は違う。**「喜びながら率先して」**盛り上げてくれます。

郡中丸木株式会社（住宅建築／福島県）の鈴木宗稔社長は、「かばん持ち」としてわが社の社員旅行に同行しています。

「宴会の最後に、『現金争奪ジャンケン大会』が行われたのですが、驚いたのは、**ジャンケンのやり方**です。〝シェアジャンケン〟（↓140ページ）をしたり、ふつうのグー・チョキ・パーをしたり、『最初はグー』という前フリを入れたり入れなかったりして、宴会の終了時間（20時）の『1分前』には全社員が会場から退出できるように、時間配分を考えながらジャンケンをしていたんです」（鈴木社長）

もうひとり、株式会社高砂の吉田社長も、武蔵野の社員旅行に参加しています。

吉田社長は、自分の会社でも社員旅行をやりたがっていましたが、社員の中には、反対派もいた。そこで私は吉田社長に、「武蔵野の社員旅行に同行するときは、もうひとり、**で**

きるだけ中立な立場の社員を連れてくるように」と言いました。

社員旅行賛成派でも、反対派でもない中立的な社員の有我竜司さんが「武蔵野の社員旅行は楽しかった。うちも、ああいう社員旅行をやりたい」と報告をすれば、**社長が言うよりも説得力**が出る。客観的な意見であれば、反対派の理解も得やすくなります（ボイスメールで**社員旅行の実況中継**をしてもらいました）。

その後、株式会社高砂は、有我さんを実行委員長として社員旅行を実施しています。

「社員旅行なんて嫌だ、という人を強制的に連れていくのは、こちらも嫌なことです。やっぱり、みんなが『行きたい』と思ってくれないと、楽しくないですからね。まだまだ武蔵野さんのようにはできませんけれど、最近は抵抗する人もいなくなって、徐々に価値観がそろってきた気がします」（吉田社長）

社員全員で同じことをして、同じ空気を吸い、体験を共有することで、組織の一体感が生まれます。一体感があれば、充実したお客様サービスが可能になる。お客様満足度が向上し、売上も伸びる。売上が伸びれば社員の給料も上がるから、それは社員自身のためでもある。だから、慶事・弔事を除き、**社員旅行には参加させるべき**です。

心得 26

「家庭」と「仕事」、社長が優先すべきは、どっち？

小山　「今、奥さんともめているんだって？　今ここで奥さんに電話をかけて、奥さんが出たら、電話を貸しなさい。『**私が話を聞く**』から」

岩崎　「ここで、ですか？　……わかりました」

（……1時間後）

小山　「岩崎さん、あなたが悪い。あなたが奥さんに毎月いくら渡しているのかを聞いておいたから、来月からその金額を5万円上げなさい。奥さんにはさっき、『5万円上げさせるから』と約束しておいたから（笑）」

三流は、「運動会も出ずに、仕事一辺倒」
二流は、「2週に一度、家族と食事」
一流は、「午前0時をすぎたら罰金1万円」

日曜日は「家族サービス」の日と決める

私は自他ともに認める仕事人間ですが、それでも、**「日曜日は家族サービスの日」**と決めています。社員の結婚式など慶弔事には出席しますが、それ以外の仕事はしません。以前、「×月×日の日曜日、講演をしてください」という依頼を受けたこともありますが、「家庭が大切です」とお断りしています。これだけは徹底している。

私は、「家庭の平安あってこそ、充実した仕事ができる」と考えています。会社がどれほど儲かっても、社員（社長）の家庭が幸せでなければ意味がない。

あるとき、わが社の松渕史郎課長が、「今度、子どもの運動会があるのですが、その日は政策勉強会も開催されます。運動会は断るべきでしょうか」と言ってきたことがあります（政策勉強会は、土曜日に開催）。私はすぐに、こう答えました。

「全社員参加の政策勉強会より、**運動会が優先**です。運動会に**ポーン**と行って、終わったら、勉強会に**ピーン**と戻ってくればいい。家庭がいちばん」

「かばん持ち」をした社長の中には、家庭不和や離婚危機を抱えている人もいる。そんなときは私が間に入って、家庭内のこじれた糸を解きほぐすことがあります。

X社長は、かつては家庭を顧みない社長でした。ふつう、バレンタインデーにもらうのは、チョコレートです。

でも、X社長が奥さんから贈られたのは、思いもよらないものでした。

「朝、突然、カミさんが会社にやってきて、私のスーツを20着、置いていったんです。『もう帰ってこなくていいから!』って」（X社長）

私は、X社長の奥さんに、こう言った。

「Xさんはまだ甘いから、今はあきらめてください。でも、私が必ず更生させますから。あなたたちが別れるのは自由ですけども、**傷つくのは子ども**です」

そして私はX社長に、「午前0時までに家に帰らなければ、カミさんに1万円支払う」ことを約束させました（**わが家にも同じ罰金制度**があります）。

その後、夫婦の関係はよくなり、今は本当に夫婦仲がいい。

株式会社インディオ富山（自動車販売／富山県）の岩崎孝社長も、一時期、奥さんともめていましたが、だいたいの事情を聞いたあとで、「定期的に奥さんと食事に行きなさい」

と助言しました。

私だって毎週日曜日は、**わが家の天皇陛下**（妻）と食事に出かけています。出張が多い岩崎社長がそれくらいの家族サービスをするのは、当然のことです。

株式会社ダスキン山口（山口県）の岩本恭子社長はこう言っています。

「取締役だった主人に『おまえにはついていけない』と言われたことがあります。もし、小山さんのアドバイスがなかったら、自分を変えられなかったかもしれません。社長として、『会社をつぶしてはいけない』という義務感に押しつぶされそうになっていた私には、余裕がなかった。そのことで主人を苦しめていたのでしょう。小山さんが『**肩肘を張る必要はない。困難なことがあっても、前向きに解決策を考えればいい**』と言ってくださって、気がラクになりましたね。今では、主人も快く力を貸してくれます」

家族仲を健全に保てないと、仕事のパフォーマンスが下がってしまいます。

そのためには、**家族を犠牲にしない**ことです。家族とすごすコミュニケーションの時間を持つことが大切です。**1週間に一度**でいいので、家族のための時間を取りましょう。

家族に支えられているからこそ、充実した仕事ができるのです。

心得 27

「増収増益」を続けたければ、「残業」を減らしなさい

小田島 「残業を減らすにせよ、決めた時間までに仕事が終わらないこともあるのでは？」

小山 「終わらなかったらそこでやめて、次の日にやるのが正しい」

小田島 「強制終了するわけですね」

小山 「時間をかければいい仕事ができるわけではないよ。『**終わりの時間を意識**』して仕事をしたほうが質は上がる。そのことをみんなわかっていない」

三流は、「**残業を放置**」する
二流は、「**社員を犠牲**」にして利益を上げる
一流は、「**IT化と賞与評価**」を一気に見直す

なぜ、残業「減」なのに、業績が伸びているのか

武蔵野の「不要な残業を減らす」施策は、次の2つだけです。

①「3時間」の棚卸しが「30秒」になったバックヤードのIT化

「iPad（iPad mini）」を525台投入し、パート・アルバイト、内定者に配布しています。

「iPad」の導入以前、ダスキン事業部は、複写式の納品伝票でお客様訪問をしていました。

1日の営業を終えると事務所に戻って、納品伝票の内容をデータ入力しなければなりません。また、店長が売上数値を知りたいと思ったら、そのつどルート営業担当者がExcelのシートで集計しなければならず、手間がかかりました。

月末には棚卸しもありますから、仕事が終わるころには深夜0時を回っていることもあった。そこで基幹システムをウェブ化して「iPad」と連携させようと考えました。

そして、ルート営業担当者が納品伝票を書く代わりに、「フィールドで『iPad』へデータを打ち込むこと」で、事務所に戻ってからの精算作業をなくした。売上数値はリアルタ

イムで集計（ファイルメーカー）されるため、店長は売上情報をいつでも確認できます。「iPad」に入力したデータは、月末の棚卸しとも連動しているので、深夜までかかっていた作業は一気になくなりました。「iPad」を導入した結果、**今までは「3時間」かかっていた棚卸しが、わずか「30秒」**で終わるようになりました。

② 過去最高益を更新した「賞与評価」の見直し

ふつうの会社は、残業をした人のほうが、残業をしなかった人よりも、年収が高くなります。残業手当が払われるからです。武蔵野では、残業がなくなっても業績が下がらなければ、その部門には賞与を増やすようにしています。

残業をする人は残業手当がもらえる分、月々の給料は上がります。けれど評価は低いので、賞与は少ない。一方で、残業をせずに帰った人は、給料は少なくても評価は高いので、賞与は多くなる。最終的には、後者のほうが年収は高くなります。

かつて、月間100時間近く残業をする社員が十数人いましたが、今は残業時間が月平均36時間に減りました。はたして、武蔵野の業績は下がったのでしょうか？

いいえ。ダスキン事業部、経営サポート事業部ともに、**過去最高益**を続けています。

株式会社小田島組の小田島直樹社長は、**「社員を犠牲にしてまで利益を上げるのはおかしい」**と考え、残業を減らす努力を続けています。

【小田島組の取り組みの一例】

- 社用車にGPS機能を搭載して運行を管理する
- 「iPad」を作業員全員に配布し、作業を効率化する
- 残業40時間以上の社員のパソコンの画像を録画して、何が不得意なのかを分析する
- 各現場にネットワークカメラを設置し、事業所内の様子をチェックする

株式会社ネクスト・ワン（輸入車レンタカー／東京都）の藤川雅資社長は、「時間の使い方」を学びたくて、「かばん持ち」をした社長です。

「私は、『この仕事はこれくらいかかりそう』と、仕事の難しさや量で所要時間を予想したり、もしくはまったく見通しを立てないで終わるまでやればいいと考えていたのですが、それでは残業はなくならない。成り行きにまかせてはいけないのですね」（藤川社長）

「この仕事はこれくらいかかる」と仕事に時間を割り振るのではなく、**「この仕事は1時間で終わらせる」と時間に仕事を割り振る**と、時間の使い方が上手になります。

心得 28

一般社員は「日」単位、幹部社員は「時間」単位、一流社長は「秒」単位

前田 「小山さんの『かばん持ち』をして、『自分のすき間時間の使い方は、まだまだ甘いな』と思いました。小山さんは移動中でも、決して気を緩めることはありませんよね。あらかじめ『この時間にこれをしよう』と決めているのですか？」

小山 「時間が空いてから『さぁ、この時間で何をしようか』と考えていたら、あっというまに時間がなくなるし、せっかく30分時間ができたのに、必要な書類やツールを持っていないと仕事ができない。だから、**朝起きた瞬間から、『今日はこれをこの時間にやろう』**と決めています」

三流は、サボリを「黙認」する
二流は、サボリを「叱る」
一流は、サボリを「承認」する

いつ、どこで、どの仕事か、すき間時間は「秒管理」で

私は「細切れ時間」をムダにせず、1分1秒でも時間があれば、少しでも仕事を進めます。歩きながらボイスメールを聞いて、社員に指示を出します。

移動中の電車内も私の仕事場です。メールの返信などは、座席に座れなくてもできます。席に座れたら、座ったからこそできる仕事をします。かばんをテーブル替わりにして、「サンクスカード」を書いたり、資料を広げたり、原稿の校正作業をします。

「小山社長は、いつ、どこで何をやるのかをあらかじめ決めていました。まとまった時間があるときはこれをしよう、すき間時間にはこれをしよう、電車に座れたらこれをしよう、座れなかったらこれをしようと、あらかじめ仕事を準備している。だから手持ち無沙汰にすごすことがないです」（株式会社スクウェア／前田哲博社長）

外出先での細切れ時間を活用するコツは、**「いつ、どこで、どの仕事をするのか」をあらかじめ決めておく**ことです。

1日の行動を予測して、「AからBに行くのに20分かかる。この間に『かばん持ち』のスケジュールを作成しておこう」「駅から会場まで徒歩で5分。この間にボイスメールを聞いておこう」と決めておけば、時間をムダにしないで細切れ時間を活用できます。

株式会社佐藤商会の黒岩執行役員も、私の時間の使い方に驚嘆したひとりです。

「小山さんは『30秒あったらこれをする』と『**秒**』**で管理**をしています。ボイスメールに『○○さんからおみやげをいただきました』と入っていると、小山さんはそれを聞きながら、すぐに『○○さんありがとうございました』とサンクスカードを書き始めます。一般のサラリーマンのすき間時間と言えば、5分、10分のことだと思うのですが、小山さんのすき間時間は、『秒』単位ですね」

持続力がなくても、集中力を発揮する方法

私は、多くの社長から「小山さんは持続力がある」と思われているようですが、じつはその逆。**私の欠点は持続力がない**ことです。私は、自分の欠点まで熟知したうえで、その欠点を活力に変える時間の使い方を心がけています。

私は、同じ作業を長時間継続することができません。そこで、**「スケジュールを細かく区切って、仕事の内容と仕事をする場所を意識して変える」**ように心がけています。学校の時間割のように、「何時から何時までは、この仕事をする」と分割して時間を使うことで、集中力を保っているのです。私がいくつもの仕事を同時並行で進めることができるのは、「持続力がない」という欠点のおかげです。

わが社の上岡《かみおか》佳之課長は、「複雑なことをミスする」ことがわかっています。ところが、私と同様に持続力がないので、時間の使い方を誤ると、彼の長所を活かすことができません。では、どのように時間を使えば、上岡は力を発揮するのでしょうか？

彼にしっかり働いてもらうには、次のような指示を与えればいい。

「午後4時から4時30分までは、コーヒーショップでコーヒーを飲みなさい」

集中力を維持するために、上岡には「休憩」が必要不可欠です。だから「コーヒーを飲む」という仕事（息抜き）を与えたほうがいいわけです。

仕事の合間にコーヒーを飲みにいけば、ふつうの会社なら「サボっている」と評価を下げます。でも、わが社は違います。**「サボる」（適度に休憩を入れる）ことも大事な仕事**のひとつです。上岡は**2回連続S評価**を取っています。

心得 29

「電車の乗り方」で、社長の実力が見抜ける理由

森藤「『かばん持ち』は、一流レーサーの助手席に乗って、サーキットを回るような体験でした。一流レーサーのマシンの扱い方を知るには助手席に乗るのがいちばんです」

小山「電車に乗るときに、何両目のどこから乗るかを決めているのも、『**1分1秒でも時間を縮められないか**』を考えているからです」

森藤「どの車両に乗れば階段が近いか、どの駅で乗り換えればいちばん早く目的地につけるかを熟知しているので、『小山さんは電車オタクなのか』と思ったくらいです」

三流は、「何も考えずに」電車に乗る
二流は、「車両の中央付近」に乗る
一流は、「先頭か最後尾の両端」に乗る

電車の乗りおりで、1分1秒縮める理由

私の「かばん持ち」をした社長ならわかりますが、電車から駅のホームにおりると、必ず目の前に階段があります。これは偶然ではありません。

「前から何両目の、どのドアから電車に乗れば、○○駅のホームに着いたとき、階段のいちばん近くに停まる」ということが頭に入っているからです。

誰よりも早く電車をおりれば、最初に階段をおりられます。でも、最後のほうで電車をおりると、その間に階段付近が混雑することがある。

朝の新宿駅は混雑していて、乗るまでに「2分」待たされます。待たされたことで、本当は乗れたはずの電車を逃してしまった。次の電車が到着するのは「3分後」。すると、合計で「5分」も時間をムダにしたことになる。

また、駅のホームでは、たいていの人がボーッとしたり、スマホをいじったりしながら電車を待っていますが、私は**「電車をおりてからの時間を何秒縮められるか」**を考えてホームを移動します。

武蔵野本社は、JR中央線の東小金井駅にあります。中央線の車両は、現在10両編成で、列車の先頭から最後尾まで歩くと、**約2分**かかります。

中央線の快速列車は、2分間隔（通勤時間帯）で運転されています。仮に、先頭車両（1両目）に飛び乗っても、降車駅の出口から数えて10両目だとしたら、ホームを出るのに2分歩くことになります。

だとすれば、かけ込み乗車をしないで、乗車駅のホームを2分間歩いてから次の電車（10両目）に乗っても、かかる時間は同じです。そのことを知らずにかけ込み乗車をすると、疲れるだけ（それに危険）です。

また、ホームに人が多く見えたら「もうすぐ電車がくる」ことがわかるので、急いだほうがいい。ホームに人がいないなら「電車は出たばかり」なので、急がなくてもいい。

このように私は、電車に乗るときも先を見て、予測を立てている。だから移動による時間のロスがありません。

正栄産業株式会社（住宅建築／富山県）の森藤正浩社長は、こう言っています。

「一流経営者のスピード感や時間の使い方を学ぶには、小山さんと同じ時間をすごしてみるしかない。そう思って『かばん持ち』を始めたのですが、実際に体験してみて、小山さんが乗っているのは**F1マシン**で、私が乗っているのは**自家用車**。それくらいの違いを感じました」

車窓から外を眺めるのも、社長の営業活動

私が電車に乗るときは、「何両目のどこから乗るか」を決めていますが、あえて「先頭車両か最後尾の車両」に乗ることがあります。なぜそうするのかというと、**「外の様子を観察するため」**です。

両端の車両は、ほかの車両よりも「車窓から見える景色が広い」ため、「あそこにビルが建った」「あの土地が住宅地になった」といった街の変化を見ることができます。

変化をいち早くつかみ取れば、「新しく建ったあのビルに営業をかけてみたらどうか」「あの住宅地のお客様はダスキンを使ってくれるのではないか」と手を打つこともできる。

つまり、**電車内から外の様子を観察することは、社長の営業活動**でもあるわけです。

心得 30

「率」は主観、「額」は客観

住吉「おかしいですよね。ジャンケンでは私が9割勝っているのに、支払った金額は、私のほうが多い（笑）」

小山「**住吉さんの勝率は9割だけど、支払った額の9割も住吉さん**」

住吉「勝率がよくても支払った額が大きいのだから、納得できません（笑）」

小山「私は、ランチを賭けたジャンケンではわざと負けて、その代わり、7万円の夜の店では絶対勝つことにした。なぜだかわかりますか？」

三流は、売上「額」が第一
二流は、利益「率」が第一
一流は、利益「額」が第一

経営を「率」で考えると、なぜ判断を間違えるのか？

みなさんに、ひとつ質問をします。次に挙げるA社とB社では、どちらの社長が優秀だと思いますか？

◆A社……前期の売上が1000万円。今期は200％の成長率
◆B社……前期の売上が1億円。今期は150％の成長率

経営には、粗利益率、労働分配率、成長率などさまざまな「率」があるため、「かばん持ち」をする社長の多くは、経営を「率」で考えるクセがあります。

でも、それは**間違い**です。「率」にこだわりすぎると、会社の実態を見誤ります。

売上も、仕入も、経費も、会社はすべて**「額＝現金」**で経営しています。成長率がどれだけ上がろうと、「現金」がなければ、社員に給料を払うことはできません。

経営における正しさとは、利益目標を「100％達成すること」ではありません。

利益目標は社長が自由に決められるので、低く設定すれば、100％達成することができます。反対に、高く設定すれば、達成率は低くなります。

私は**「率ではなく額で考える」**を大事にしています。達成率よりも重要なのは、達成**「額」**です。したがって、質問に挙げたA社とB社では、B社の社長のほうが優秀です。

A社は、成長率200％ですが、今期の売上は2000万円（増加額は1000万円）。一方のB社は、成長率が150％ですが、今期の売上は5000万円増えています。つまり、B社はA社の**5倍も「額」**を増やしたことになります。

「率」だけで考えればA社のほうが優秀に思えますが、「額」で考えると、実績を挙げているのはB社だとわかるでしょう。

イチローが「4割」にこだわらない理由

イチロー選手は、率を目指さずに「安打数」にこだわっています。イチロー選手なら、史上初の4割バッターになれるかもしれない。なのに、なぜ打率より安打数なのか？

率を目指すと、バットを振らなくなるからです。分母を減らすのではなく分子を増やしていけば、無理をしなくても率は上がります。

そして、そのことがわかってくると、失敗が怖くなくなります。なぜなら、成功の「数」を増やすには、**新しいチャレンジ**をしなければならないからです。

新しいチャレンジには、失敗のリスクがともないます。でも、失敗の分母を増やさない限り、成功の分子も増えません。

広島ガス高田販売株式会社（LPガス販売／広島県）の住吉峰男社長も、「経営は率だ」と頑なに考えていました。そこで私は、ある作戦を思いつきました。

それは、「住吉社長とジャンケンをするときは、あえて9割負ける」という作戦です。

住吉社長の勝率は9割でしたが、支払った額の9割も住吉社長でした。勝率がよくても支払った額が大きいのですから、住吉社長は**「率より額」**を実感したはずです。

2014年度「日本経営品質賞」において、広島ガス高田販売が**「経営革新推進賞」**を受賞することができたのは、住吉社長が「率よりも額の経営」にシフトし、現実に即した改革を進めたからです。

心得 31

勉強しない社長は「ダメ社長」！
自分だけ勉強する社長は「もっとダメ社長」！

五十嵐 「小山さんは『武蔵野はかつて落ちこぼれ集団だった』とおっしゃっていますが、私から見ると、そうとは思えません」

小山 「武蔵野が変われたのは、社長と社員（幹部）が一緒に勉強をしたからです」

五十嵐 「たしかに武蔵野は、社員全員が同じ方向を向いていますね」

小山 「社長と社員が一緒に学ばないと強くなれない。学ばない社長はダメ社長ですが、**『社員に学ばせないのは、もっとダメ社長』**です」

三流は、「社長ひとり」が学ぶ
二流は、「社長とナンバー2」が学ぶ
一流は、「社長と社員」が一緒に学ぶ

社長と社員の「溝」ができる3つの原因

私はこれまで、600社以上の中小企業を指導してきましたが、おもしろいことに、社長が優秀すぎる会社は、例外なく赤字です。

優秀な人が社長になったほうが、業績は上がると思われるかもしれません。

でも実際は**その逆**です。どうしてか？

社長と社員の間に溝（実力差）が開いてしまうからです。

溝をつくっている原因は、主に次の「3つ」です。

① 社長と社員では、持っている「ものさし」が違うから

一般社員は1000円単位で物事を考えます。しかし社長は、100万円単位で考える。

人間はケタが3つ違う世界のことは、想像ができません。

② 社長と社員では、見ているものが違うから

社長は「先」を見据えて、長期的にどのように会社を経営していくかを考えていますし、社会情勢の変化にも目を向けています。

一方、一般社員は今日の仕事で手一杯で、「先」のことを見る余裕がない。見えないことは理解できません。社長が「回れ、右！」と号令をかけたとします。社員は、そもそも「回れ、右！」の意味がわからない。わからないから動けません。

しかし、優秀すぎる社長は、「どうして『回れ、右！』ができないのか」がわかりません。「どうしてわからないのか」がわからないのです。

③ 社長が社員に対して「自分と同じように動いてほしい」と思っているから

優秀すぎる社長は、社員に「何で、こんなことができないか？」と思ってしまいます。

でも、社員はできなくて当たり前、やらなくて当たり前です。だから、**できない人でも、やらない人でも「できるようになるしくみ」**をつくらなければダメです。

社員は、社長の言うことを理解できないのが当たり前です。優秀すぎる社長は、ときに「うちの社員はバカだ」と言いますが、バカな社員をつくったのは、社長自身です。

では、どうすれば社長と社員の溝を埋めることができるのでしょうか。

それは、「社長と社員（幹部）が**一緒に勉強**すること」です。

社長ひとりが勉強しても、会社をよくすることはできません。社長がもっと優秀になって溝が深まるだけです。**会社の成長に必要なのは、勉強している社員の「数」**です。社員も一緒に勉強し、スキルや知見が増えれば増えるほど、会社はよくなります。

もちろん、わが社には、自分から進んで勉強する殊勝な社員はいません。そこで私は、強制的に勉強会に参加させています（勉強会の参加回数を人事評価と連動させる）。

「社員に強制するなんて、小山昇は非人道的だ」と批判されたこともあります。でも、社員は、悪いことは教えなくてもやりますから、**よいことの強制は、社長の仕事**です。

和幸工業株式会社（自動車整備・販売／千葉県）の五十嵐正社長も、「かばん持ち」をする前は、「うちの社員はバカだ」と思っている社長でした。

自動車業界は、少子化や買い換えサイクルの長期化などの影響で、新車販売台数が伸び悩んでいます。総販売台数が減ると、当然、総整備売上高も減少に転じる。自動車整備事業は、典型的な不況業界と言えるでしょう。

そんな中、**和幸工業は、売上も利益も10年で2倍**に伸びています。和幸工業が堅調なのは、社長と社員が一緒になって勉強をしたからです。その結果、社員が「回れ、右！」の意味を理解するようになり、社員が同じ方向を向くようになったからです。

社長と社員が学びを共有するからこそ、同じ方向を向いて仕事ができます。

心得 32

質より「スピード」！"テキトー"に1秒でも速く決断する5つのコツ

小山 「島さんはよく『ちょっと考えさせてください』と言うけれど、私から言わせると、それは考えているうちに入らない」

島 「なぜですか？」

小山 「**『体験の量』**がまだまだ少ないから。『考える』というのは、『体験から得たデータを頭の中から探してくる時間のこと』であって、体験をしていない人は、そもそも考えられない。多くの体験をしている人だけが『考える』ことができる」

島 「小山さんの話が具体的なのも、体験事例やエピソードを話しているからですね」

三流は、**「損得ばかり考えて」**決める
二流は、**「1週間かけて」**決める
一流は、**「1億円の決裁を数分で」**決める

決定の正しさは、悩んだ時間とは無関係

「かばん持ち」をする社長は、総じて決断するのが遅い。「ああでもない、こうでもない」「どっちが得で、どっちが損か」とグズグズ考えてしまい、大切な時間を失っています。

1時間で出した結論と、1週間かけて出した結論が同じなら、1週間という時間をムダにしたことになる。私は、決断に時間をかけません。即断即決です。カーポート佐々木の佐々木正知社長は、私を**「機械仕掛けのアンドロイド」**とたとえました。

「上がってきた稟議書に対して、迷うことなく、承認、承認、承認……と、どんどん決裁していきます。処理するスピードが尋常ではありませんでした」（佐々木社長）

株式会社プリマベーラの吉川社長は、私の決断に**「恐ろしさを感じた」**そうです。

「私が『かばん持ち』をしていたとき、小山さんはビジネス電話システムの導入を即決したんです。**1億円の決裁をものの数分**で決めてしまうのですからね、それは恐ろしい人ですよ。**小山さんが私よりも遅いのは、オシッコの時間だけ**ですね（笑）」（吉川社長）

即断即決のための「5つ」のコツ

私がどうして悩まないのか。即断即決のコツを「5つ」紹介します。

① 損することを怖れない

物事を決められない社長は、「損をしたくない」と考えています。でも私は、「新しい決定をすれば失うものもあるが、得られるもののほうが多い」と考えています。

② 正しさを求めない

私は、正しさよりも「速さ」を大切にしています。テキトーでもいいからスタートして、途中で間違いに気がついたら、そのときに修正すればいいだけのことです。実行するのが速いほど、間違いに気づくのも速くなり、修正も速くできます。

③ 先に結論を決めておく

「いつ、○○をやる」「こういう結果にする」と結論を先に決めておいて、「具体的にどうやるのか」はあとから考えています。

④ 自分に都合の悪いほうを選ぶ

自分に都合の悪いことを見ようとしなかったり、自分に都合よく解釈すると、その場しのぎの判断はできても、根本的な問題解決にはなりません。

⑤ 体験から判断する

株式会社シマ商会（自動車リサイクル業／福島県）の島一樹社長は、「小山さんは、グーグル検索のように、すぐに答えを出す」と言いましたが、私の検索スピードが速いのは、ほかの社長よりも、「失敗の体験量」が多いことが理由です。

私は「iPhone」が発売されると、まっ先に買った。もちろん、使い方は全然わからないから、最初はメールひとつ送れません。それでもひとつ失敗すれば、ひとつ使い方を覚えることができる。**どんなことでも気軽にチャレンジして、どんどん失敗すればいい**。

株式会社全進堂（写真台紙・アルバムの制作／愛知県）の桑原登志郎社長も、「かばん持ち」をしたことで、決断するまでのプロセスが変わったと話しています。

「小山さんが常人と違うのは、決断スピードです。『考えても考えなくても、答えは一緒。間違えたとしても、直せばいい』と割り切っているので、ためらいがない」（桑原社長）

悩んでも悩まなくても、結果は変わらないことが多い。**決定の正しさは、悩んだ時間とは無関係**です。長時間悩んでも正解率は上がりません。社長の決定は、**スピードが命**です。

心得 33

「8割右肩下がり」&「35%が赤字」でも、なぜ、「15年連続倒産ゼロ」なのか?

小山「橋本さんは、B／Sを見るのが苦手だよね」

橋本「どうしてわかったのですか?」

小山「それは、外注に頼りすぎているから。**B／S**を見ていれば、内製化しないとお金が残らないことがわかったはずです。橋本さんの会社は、**『外注が害虫』**になっている。そのことに気づいていないということは、お金の流れを把握していない証拠。つまり、B／Sを見ていないということです」

三流は、「P/L」も「B/S」も見ない
二流は、「P/L」だけ見る
一流は、「B/S」を常に見る

売上がアップしても、なぜ業績がよくないのか？

「かばん持ち」をする社長の多くは、「売上を伸ばせば、会社は成長する」「売れれば売れるほど、会社はつぶれない」と考えています。

でも実際には、売上が増えているのに業績が好転しない会社がたくさんある。

売上のすべてを前金でいただく会社や、粗利益率１００％の会社、店舗を借りて営業する飲食業などでない限り「売上増＝資金繰りの悪化」を意味しています。特に、成長スピードが速い会社は、キャッシュイン（入ってくるお金）よりもキャッシュアウト（出ていくお金）が多くなるため、キャッシュフローが悪くなります。

売上が増えているのに経営が苦しくなるのは、現金の流れがわかっていないからです。具体的に言うと、決算書の「損益計算書（Ｐ／Ｌ）」の数字ばかり気にして、「貸借対照表（Ｂ／Ｓ）」の数字を見ていないからです。

私のところに相談にくる社長のうち、**８割が右肩下がりで、３割５分が「赤字」**という状況です。でも、**倒産した会社は15年連続ゼロ**。どうしてだと思いますか？

私がその会社の**B／S**を見て、経営指導をしているからです。

◆損益計算書（P／L……Profit and Loss Statement）

1年間の業績をまとめて「いくら儲かったか」「いくら損をしたか」を知るための決算書のことです。いくら売上があって、いくら経費を使って、最終的にいくら利益（損失）が出たかを示しています。

P／Lを見て「これだけ利益が出ている」と喜んでも、それは在庫や売掛金になっていることが多い。**「現金が社内にどれだけあるか」は、P／Lを見てもわかりません。**どんなに利益が出ていても、会社に現金がなかったら会社はつぶれてしまいます。

◆貸借対照表（B／S……Balance Sheet）

決算日現在の「会社の財産状況」をまとめた表のこと。資本金や利益剰余金（純資産）がいくらあって、いくらお金を借りていて（負債）、どのように運用されているか（資産）を示しています。右側の金額（純資産と負債を合わせた金額）と、左側の金額（資産）は同じ額となり、「バランスが取れている」ことから、「バランスシート」と呼ばれています。

日常の損益の計算と、現実的なお金のやりくりを一緒に考えてはいけません。**「現実的なお金のやりくり」は、すべてB／Sに記されています。**

社員と社長が力を合わせた結果（売上、利益など）を正しく計算するのは、P／L。お金がどういうふうに動いたか（どのように調達して、どのように使ったか）を示しているのは、B／Sです。**「P／Lは社員」**が関わっていて、**「B／Sは銀行」**が関わっている。

B／Sをベースに「長期的にどのようにお金を調達し、どのように使うか」を見ていくと、事業構造を変えないと、現金が回らないことに気がつきます。

文唱堂印刷株式会社（東京都）の橋本唱市社長は、「B／Sでしか業績は変わらない」ことに気がつき、事業構造を変えています。

「融資を短期から長期に変えたり、外注していた仕事を内製化するなどして現金の確保に注力した結果、**m率**（限界利益率：売上高に対する限界利益の割合。限界利益がプラスの商品は売上が増加するほど利益が増加する）が上がりました」（橋本社長）

多くの社長が「勘定科目がわからない」「B／Sは難しい」という理由で、B／Sの数字を見ようとしません。しかし、**B／Sの意味を理解して資金に強くなるのは、絶対にサボってはいけない社長の仕事**です。

心得 34

30年以上風邪をひかない 5つの健康法

小山「高橋さんの体力では、『かばん持ち』を5日間やるのは無理だと思うから、3日間にしよう」

高橋「小山さんと同じことをしているのに、私だけへばってしまうのですから、明らかに体力不足ですね」

小山「**『社長の元気は会社の元気』**に直結する。だから高橋さんも、自分の体力・気力を維持することにもっと気を遣ったほうがいい。健康を保つことも、社長にとって大切な仕事のひとつです」

三流は、「風邪をひいて」会社にいない
二流は、「風邪をひかずに」会社にいる
一流は、「30年以上風邪をひかず」会社にいない

30年以上風邪をひかない小山式健康法

45歳をすぎたころ、三和研磨工業株式会社（京都府）の竹ノ内壮太郎社長とインドに行ったときのことです。サイババに会いに行く途中で放尿したとき、竹ノ内社長とのスピードの違いに老いを感じました（笑）。私はそれ以来、体力の維持に努めています。

「体力を上げる」とか「取り戻す」という考え方ではありません。あくまでも**「維持すること」**が目的です。

50m走で10秒かかった走力を、この歳になって「9秒」に縮めることはできません。でも、**「今の10秒を、来年も維持」**することはできる。加齢とともに体力が衰えていくのは自然の理なのですから、「なるべく去年の体力を維持しよう」と努めるのが正しい。

私が心がけている「5つ」の健康習慣をご紹介します。

①よく寝る

健康でいられるいちばんの理由は、きちんと睡眠を取っていることです。**「夜9時から朝4時まで7時間睡眠」**が基本です（手術後は、夜7時ごろに就寝することもあります）。研修先のホテルにも**「自宅で使用している枕」**を持参しています。

② 食事に気をつける

食費を切り詰めて栄養バランスが崩れ、健康を害してしまったら、本末転倒です。医者にかかる費用より、食事代のほうが安い。だとしたら、少しくらい値が張っても、おいしくて健康なものを食べたほうがいい。

- お米は有機栽培のもの。肉や魚介類は天然のもの。野菜は無農薬のもの
- 塩分を適度に摂る（天然の塩にはミネラルが含まれている）
- 体を冷やすフルーツは、ほとんど食べない

時間がないときは、ファストフードもコンビニ弁当も食べますが、時間があるときは、できるだけ自然のものを食べるようにしています。

③ 夕食時はアルコール消毒をする（21時以降は飲まない）

お酒を飲むことを、私は「アルコール消毒」と呼んでいます。外で仕事をすると、心も汚れるので、ビールでうがいをしています（笑）。

④ 夏は厚着、冬は薄着

室内と戸外の温度差があると、体温の調節機能がうまく働かず、体調を崩す原因になり

ます。だから冬でも夏でも、同じ格好をしています。**1年中、長袖のワイシャツと背広が基本**です。寒い日の外出でもコートは着ませんし、**夏場でも半袖のシャツは着ません。**

⑤ たくさん歩く

毎日、**8000歩〜1万歩**は歩いています。エスカレーターは使わず、階段を選びます。

体力がなければ、いざというときに社員も家族も守れない

株式会社ダスキン福山（広島県）の高橋良太社長は、私についていくことができず、体力のなさを痛感。

体力がないと社長は務まらないことに気づいた高橋社長は、その後、パーソナルトレーナーをつけて、トレーニングを開始します。

「東日本大震災のとき、『今のままでは会社の従業員を助けるどころか、自分が助けられる側になってしまう』と思ったんです。体力がないと、社員を守ることができない、自分の家庭も守ることもできない。『それはアカンやろ』と。体力をつけることも、社長の仕事のひとつだと、今では深く戒めています」（高橋社長）

Column 6

「かばん持ち」なのに「かばんを持たなかった」社長は、なぜ、「公開処刑」されたのか

ラブリークィーン株式会社（アパレル／岐阜県）の2代目である井上真典社長は、まだ課長だった時代（父親が社長）に、私の「かばん持ち」をしたことがあります。

そしてあろうことか、**「かばん持ち」なのに、かばんを持とうとしなかった唯一無二の存在**。まさに、職務怠慢！

さて、私はどうしたでしょうか。

私は、経営サポート会員とのランチの席で（しかも、2代目の父親がいる前で）、彼を**公開処刑**にし（笑）、全員の食事代を井上社長（当時は課長）に支払わせた。

「小山さんに、『全額支払え』と命じられたとき、正直、意味不明でした。『大した給料をもらっているわけでもないんだからさぁ、ちょっと待ってよ。このおっさん、何を言って

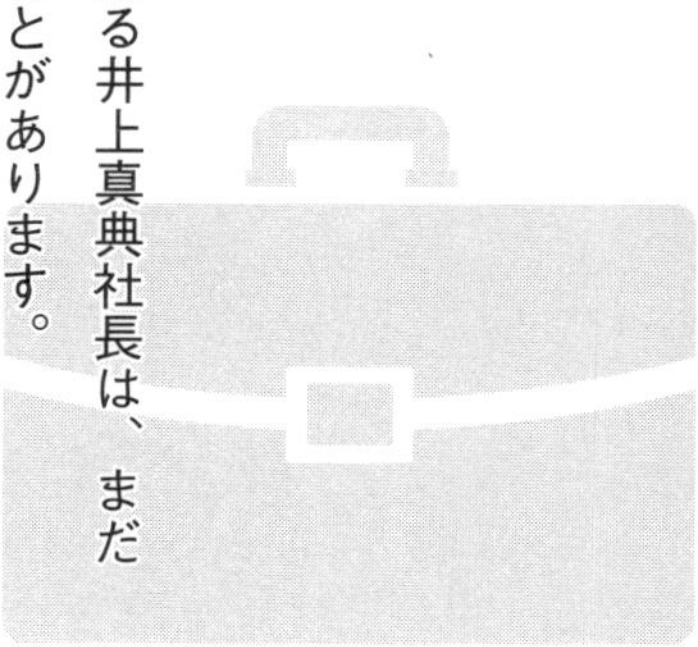

いるんだ？』と思ったんです（笑）。おやじは、隣で笑っているだけですし」（井上社長）

どうして、私は食事代を支払わせたのでしょうか？

それは、井上社長に**「責任を取らせるため」**です。

責任を取るということは、**経済的に「損」**をすることです。

「責任を取らない」とは、「経済的に損をしない」ということであり、つまり、**「出世をしない、社長にならない」**ということです。

当時、井上社長は課長でしたが、父親のあとを継ぐのであれば、理不尽な思いを受け止めて、「申し訳ありませんでした」と自腹を切る覚悟を持たないといけません。

井上社長は、「最初はイラッとしましたけど（笑）、身銭を切ったからこそ、『かばん持ちは自分の仕事である』『絶対にかばんを持たなければいけない。そうしないと、お金を取られる』ということが実感できた（笑）」と言います。

責任は、社長にしか取れない。そして、**人間は、失敗からしか学べない**。

井上社長は、「かばん持ち」初日にして、そのことを学ぶことができたのです。

心得 35

「借金知らずの社長」より、「どーんと借りる社長」のほうが優秀な理由

小山　「社長の仕事は、『**銀行がお金を貸しやすい会社**』をつくること。だから達城《たつしろ》さんの会社は、もっと銀行からお金を借りたほうがいい。取引する銀行数も増やしたほうがいい」

達城　「使う予定がなくても、ですか？」

小山　「お金は、置いておくだけで意味がある。お金を持っていれば持っているほど、銀行は貸したくなるからね」

三流は、「無借金経営」にこだわる
二流は、少ない銀行から「渋々」借りる
一流は、多くの銀行から「必要なくても」借りる

社長が借金すべき「3つ」の理由

多くの社長は、「借金は悪」「借金をする社長＝ダメな社長」と考えていますが、本当にそうでしょうか。

私は**「借金は善」「借金をする社長＝優秀な社長」**だと考えています。

私腹を肥やすために借金をしたり、ヤミ金融に手を出すのは論外ですが、金融機関からの借入れは積極的にすべきです。なぜなら、お金を持っていれば持っているほど、経営の安全につながるからです。

設備投資をするために……、ライバルに差をつけるために……、お客様へのサービスを向上するために……、新規顧客を獲得するために……、未来への投資は欠かせません。

では、投資の原資はどこから確保するのですか？　中小企業には、すべてを自己資本でまかなうほどの体力はありません。したがって、「銀行から借りる」以外にない。

「融資を受けない」ということは、「会社を成長させない」ことと同じことです。会社の利益を出すためにお金を借りることは、うしろめたいことでも、恥ずかしいことでもありません。借金すべき理由は、次の「3つ」です。

① 不測の事態を乗り切ることができる

リーマンショックや東日本大震災など、不測の事態に直面したとき、ギリギリの資金しかない社長と、借金をしてでも手元に現金を持っている社長では、どちらが対応できるか。答えは明らかです。

② 借入れと返済実績があれば、継続的な融資が受けられる

銀行は過去の実績に対してお金を貸すしくみです。過去の借入・返済実績を見て融資を決定します。無借金経営を続けて一度も融資を申し込んでいない会社が、いきなり「お金を貸してほしい」と申し出ても、銀行は貸してくれません。

つまり、日ごろから借りていないと、銀行は決して貸してくれないのです。

③ 事業に専念できる

借金をしない社長は、1か月の大半を資金繰りに奔走し、事業に専念できません。

でも、会社が赤字でも銀行からお金を借りることができれば、お金の心配をしなくていい。だから事業に専念できます。

「4年連続130%成長」&取引銀行数「倍増」の秘密

株式会社関通《かんつう》（大阪府）は、他社に先がけて通販会社の配送代行を開始し、現在は年商約39億円。Ｅコマースロジスティクスのパイオニアと呼ばれる企業に成長しています。達城久裕社長は、「お客様の数を獲得することが、経営を安定させるいちばんの肝。そのためには**現金を増やす**ことが大事」と考えています。

関通は、**４年連続で「130%成長」**をしています。それでもキャッシュアウトしないのは、「在庫を抱えない」という物流業界の特性のほかに、「現金がある」ことです。

7～8年前まで、現金は５００万円しかありませんでしたが、**２０１５年には18億円**にまで増えています。また、取引をしている**銀行数も6行から12行**に増えました。

現金を多く持っていれば、銀行は「関通には返済能力がある」と考えます。すると、どの銀行も「関通に貸したい」と思うようになる。貸したい気持ちはどの銀行も同じで、競争原理が働く。つまり、関通に有利な条件を引き出すことができるわけです。

心得 36

「弱点克服」と「長所強化」、できる社長が選ぶのはどっち？

小山 「丹後さんに質問するね。丹後さんが、『梨を１００個、リンゴを50個売る』という計画を立てた。ところが実際は『リンゴが80個売れて、梨は30個しか売れなかった』。このとき丹後さんは、リンゴと梨、どちらの販売に力を入れますか？」

丹後 「梨です。リンゴは目標を達成していますが、梨は30個しか売れていませんから」

小山 「はい、不正解。丹後さんだけじゃなく、多くの社長がそう考える。でも、それは間違い。正解は、『**リンゴ**』を売ることです」

三流は、「弱点ばかり」直そうとする
二流は、「長所を伸ばしながら、弱点を矯正」する
一流は、「長所を磨くことだけ」に注力する

人も会社も、欠点をなくしたとたん、失速する！

「かばん持ち」をする社長の多くは、「自社の欠点や弱点をなくしたい」と考え、試行錯誤を繰り返しています。もちろん、それは大切なことです。けれど、自社の欠点をつぶすこと以上にもっと大切なことがある。それは、**「自社のよいところを伸ばすこと」**です。

私もかつて、「自社の欠点をなくそう」と考えたことがあります。

わが社はＩＴ化を積極的に進めていますが、当初、私の目論みは「ＩＴ化によって、自社の欠点を補う」ことでした。でも、社員は「入力が面倒くさい」「管理されるのが嫌だ」と言って、ろくにパソコンに触ろうともしません。

ＩＴは、その人が元から持っている資質を高めてくれることはあっても、そもそも持ち合わせていないものを付与してくれるものではなかったのです。パソコンを与えたからといって、苦手が得意に変わることはありません。そのことに気づいた私は、**「ＩＴは自社の長所を伸ばすためだけに使う」**と発想を切り替えました。

また、かつて武蔵野は、居酒屋やファミリーレストランをやっていたことがあります。

でも、やめました。なぜなら、わが社の強みは**「お客様を訪問すること」**であって、**「店舗をかまえてお客様にきてもらう」ような事業は弱かった**からです。

現在の武蔵野は、欠点を直すことをやめて、徹底して「武蔵野の強み＝よいところ」を伸ばしています。だから、強い。

人も、会社も、欠点をなくしてはダメです。なぜなら、**欠点を取り除くと活力がなくなる**からです。私の欠点は**「落ち着きがない」**ことと、**「記憶力が悪い」**ことです。

でも、私は、欠点を直そうと思っていません。「落ち着きがない」から、私は〝アナグマ社長〟にならなかったし、「記憶力が悪い」から、「今起こっていることを今すぐ処理」するようになった。

会社も同じです。欠点を直すよりも、わが社の強みを伸ばしていくほうが、業績は上がります。

「値引きで売る」のは間違い!?

株式会社愛媛総合センター（不動産業・保険代理業／愛媛県）の丹後博文社長は、「かばん持ち」を体験して以降、「長所を伸ばす」ことに目を向けて、結果を出しています。愛媛総合センターは、不動産だけでなく、損害保険や生命保険の代理業も行っています。保険業はきちんと利益が出ている。だとしたら、利益が出ている事業を強化して、もっと利益が出るようにする。そして、利益が出ていない事業を縮小させる。愛媛総合センターは、保険代理業に力を入れた結果、**利益が1・5倍**になりました。

多くの社長は、売れないものを売ろうとしています。売れない商品をキャンペーンや値引きをしてなんとか売ろうとするのは、**間違った売り方**です。売れているものを仕入れて並べておいたほうが簡単に売れます。

お客様が買ってくれれば「正しい」。買ってくれなければ「間違い」です。だから、自分たちの売りたいものを押しつけるのは、間違いです。

自分の得意なところや売上が出ているところをさらに伸ばす。強いものをさらに強くする。いちばん売れる商品を、さらに売るのが正しい。中小企業の社長は、弱点克服に躍起になってはいけません。それよりも、**「自社の長所を磨く」ことに注力**してください。

心得 37

社員教育の目的は「社長のコピー」をつくること⁉

山本「『かばん持ち』をしているとき、Kさん、矢島さん、滝石さんの役員から、こきおろされたことがあります」

小山「何と言われたの？」

山本「『私たちがあなたの部下だったら、絶対にあなたにはついていかない』と」

小山「なぜ、あの3人が山本さんを認めなかったのか、わかりますか？　それは、『**社長の悪口ばかり言っていた**』から」

三流は、「社長の自慢話」をする
二流は、「社員を伸ばそう」とする
一流は、「社長のコピー」をつくる

社長の悪口を言う幹部は「ダメ幹部」

居酒屋で「うちの社長はダメだ」と社長の悪口を肴に酒を飲む人を見かけると、私はいつもこう思います。

「ダメなのは、社長だけじゃない。そんなダメな社長がいる会社を選んだあなたたちだって、ダメ社員じゃないか」

「ウチの社長はダメ社長だ」と、社長を中傷する幹部社員だって、ダメ幹部です。

なぜなら、自分のことを棚に上げているから。その会社を選んだのは自分です。見る目がなかったのは自分です。悪口を言うなら、自分に言うのが正しい。

「入社する前は、こんなにダメな社長だとは思わなかった」と言う人もいるかもしれませんが、だったら、そんなダメ社長のいる会社は辞めて、ほかの会社に行ったほうがいい。

社長の決定に対して幹部社員が異を唱えてきたら、社長は次のように言うべきです。

「いいからさっさとやりなさい」

なぜなら、**幹部社員（管理職）の仕事は「社長の決定をすみやかに部下に伝え、実行さ**

せること」だからです。

社員が「社長は身勝手すぎる！　社長の考えと自分の考えは違う！」と不満をぶつけてきたら、社長は次のように言うべきです。

「私のやることや決定の内容に納得できないのなら、すぐに辞めて他社に行きなさい」

なぜなら、社長の価値観を共有させて、「社長のコピー」をつくることが社員教育の要諦だからです。社長のコピーがいればいるほど、組織は堅牢《けんろう》です。

社長も人間ですから、いつも正しい決定をするとは限りません。でも、社長が明らかに間違った決定をしても、**「ただちに実行する」**のが管理職の仕事です。

間違った決定を実行すれば、うまくいかずに、失敗したり、赤字になったりします。すると、どんなダメ社長でもすぐに気がついて、やめる（笑）。そして次の手を打つことができる。「社長の決定は間違っている」と言って何もやらなかった会社は、時間を損しているうえに、何もやらなくても経費はかかっている。

社長が周囲の意見を聞きながらのんびりやった結果、会社が倒産してしまったら元も子もありません。したがって、**ワンマンと言われようが社長が独断で決定し、それを社員に愚直に実行させる**のが正しい。

株式会社サン・ヤマモト（学習塾ＦＣ／神奈川県）の山本裕一社長も、私の「かばん持ち」をしたときは、典型的なダメ社長でした。

私は、当時の社長であった山本豊一さん（現会長）から、「息子を1か月、教育してほしい。息子は口だけ達者で、実際は現場のことが何もわかっていないから鍛えてほしい」と頼まれ、「かばん持ち」をさせることにした。

「今はもう、父親とぶつかることもなくなりました。自分が社長になってみて、まだまだヒヨッコだったと思い知らされています。銀行がサン・ヤマモトと取引をしてくださるのは、父親が30年かけて築いてきた信用があってこそ、です。もし父親が退けば、銀行の態度はガラッと変わるかもしれません。そう思うと、『この人の生き様を見習わなきゃな』と思います」（山本社長）

「自分以外が悪いから自分もよくないんだ」という考えは、冷静さを失った身勝手な愚痴でしかありません。どんな正当な理由があろうと、**50％は自分が悪い**のです。

心得 38

創業者への「感謝」を忘れた瞬間、会社の成長は止まる

小山「小田島さんは、お父さんのこれまでの物語をまとめた『ビデオ』をつくるといい」

小田島「父親のビデオですか?」

小山「今の小田島さんがあるのは、父親のおかげだよね。親の金で遊びほうけていたうえに、会社を残してもらったんだから(笑)。でも、感謝の気持ちというのは口で言ってもなかなか伝わらないからね。**『目に見える形』**にしたほうがいい」

三流は、創業者の「お墓の場所」を知らない
二流は、創業者の墓参りに、「社長ひとりで」行く
一流は、創業者の墓参りに、「社員全員で命日に」行く

「創業者の墓参り」を欠かさない理由

株式会社武蔵野（創業時の社名は、日本サービスマーチャンダイザー）の創業者は、藤本寅雄です。私は、東京経済大学在学中に、藤本と知り合いました。1968（昭和43）年の5月か6月だったと思います。

私は山梨から通勤していたので、社長宅で寝泊まりすることも多く、1週間の半分くらいは、社長の隣に布団を敷いて寝ていました。

風呂はいつも最初で、勝手にビールを飲みながら、藤本に言いたいことを言う。それでも藤本は、いつも黙って聞いていました。

月の売上が1000万円の時代に、1か月間の販売促進費として「1000万円」を使わせてもらったこともあります。虎の子のお金はすぐに消えてなくなりましたが、それでも藤本は、小言ひとつ言わなかった。

また、私が勉強に燃えていたときは、「賞与前借りで」と言って、全国の加盟店に勉強に行きましたが、実際には、**一度も賞与からお金を引かれたことはありません。**

今日の私があるのは、藤本が大きな経験をさせてくれたからです。私は一度、藤本のもとを離れて独立しました。しかし、体力が衰えていた藤本に請われて再入社。藤本の死後に、武蔵野の社長に就くことになったのです。

藤本は1985（昭和60）年2月24日に亡くなりました。それ以降、**命日には社員全員でお墓参り**を続けています。わが社の発展は、ひとえに藤本の努力のおかげです。社員とその家族が幸せに暮らせるのは、藤本の創業の苦労があったからこそ、です。

私は新卒社員に対しても、「親への感謝を忘れてはいけないよ」と言っています。そして、「初任給が出たら、ほんの少しでもいいから、必ずご両親に渡しなさい」と指導している。「育ててくれてありがとう。大学まで行かせてくれてありがとう」という感謝の気持ちを、**言葉だけではなく「目に見える形で」示す**ことが大事です。

かけた恩は水に流し、受けた恩は石に刻む

「かばん持ち」をする社長には、2代目、3代目が多いのですが、私は彼らに「創業者への感謝を忘れてはいけない」と言い続けています。

小田島組の小田島社長が、「かばん持ち」をしたときのことです。最終日の夜、私は小田島社長を連れてホテルのバーに行き、そこで、

「先代（父親）への感謝を伝えるために、おやじさんのビデオをつくったらどうか」

と提案しました。小田島組が堅調に成長しているのは、父親の努力があったからです。

小田島社長は、**「制作費250万円、制作期間4か月」**をかけてビデオをつくり、7月の経営計画発表会で上映しました。

「私たちのサプライズに、おやじはとても喜んでくれました。でも……、その年の12月、おやじにガンが見つかったんです。『余命3か月』と言われ、翌年の4月に亡くなった。小山さんに『ビデオをつくれ』と言われていなかったら、私は親孝行ができないままだったでしょう。まさか小山さんが、おやじの死を予言していたわけではないでしょうが、こんなことがあるのかと驚愕《きょうがく》しました」（小田島社長）

人は、ひとりで成長するのではありません。必ず育ててくれる人がいます。

かけた恩は水に流し、受けた恩は石に刻む――その人に感謝の意を表すのは、人間として当然のことだと思います。

心得 39

工場や倉庫をキレイにするだけで、新規顧客がどんどん増える

小山「私は、製品での差別化が難しい会社の社長に、『**工場をショールームにしなさい**』とアドバイスをします。工場が自社の営業ツールになることがあるからです」

達城「物流倉庫でも、同じことが言えますね」

小山「関通の倉庫は、見事にショールーム化できていますね。お客様は製品やサービスの善し悪しを判断する前に、まずパッと見の第一印象で判断する。でも多くの社長はそのことに気がついていません」

三流は、倉庫を「ただの保管場所」と考える
二流は、倉庫を「ただ掃除」する
一流は、倉庫の「ショールーム化」で儲ける

倉庫こそ、何よりも雄弁な〝ショールーム〟である

製造業の多くは、工場はただの「生産拠点」だと思い込み、運送業の多くは、倉庫はただの「保管場所」だと思い込んでいます。

でも、**工場も倉庫も、自社の立派な営業ツール**に変わります。

関通の達城社長は、倉庫を集客のために利用している。倉庫を「ショールーム化」することによって、新規顧客数を伸ばしています。

「弊社では、『倉庫見学会』を実施して自社のしくみを公開しています。これは、武蔵野さんの『現地見学会』のパクリです（笑）。お客様には、ライバル他社の倉庫を見学したあとで、弊社の倉庫を見学していただくようお願いしています。そうすると、ほぼ弊社に決めていただけますね。なぜなら、倉庫がキレイだからです。見た目がキレイだと、他社との差がひと目でわかります」（達城社長）

倉庫の見学にお客様を招待する。そのときに、雑然とした倉庫と、整理整頓が行き届い

ている倉庫とでは、どちらが好印象か。もちろん後者です。

倉庫やバックヤードがキレイだと、それだけで、「発送ミスや物流事故がなさそう」という印象を与えることができます。事実、関通では、約３万点の商品を扱っている現場の発送ミスが**「1年間ゼロ」**だったことがあります。３万アイテムの在庫管理をミスなく行えるのは、「商品の向きをそろえて」いるからです。

倉庫のショールーム化を可能にしているのが、**「環境整備」**という活動です。

関通では、武蔵野が行っている「環境整備」をそのまま導入して、倉庫の改善に努めてきました。環境整備とは、「仕事をやりやすくする環境を整えて備える」ための取り組みです（環境整備の具体的な取り組みについては、拙著『【決定版】朝一番の掃除で、あなたの会社が儲かる！』〈ダイヤモンド社〉をご覧ください）。

【関通の取り組みの一例】

◆向きをそろえる

最大4万アイテム11万ピースの在庫管理を在庫差異なしに行うために、「向きをそろえる活動」を徹底している。ひとつひとつ箱を確認し、向きをそろえることで、ミスが起きないようにする。

◆必要なものを必要なときにすぐに取り出せるようにする

決まった保管方法を取るのではなく、商品特性に応じた保管方法を考え、必要なときに必要なものをすぐに取り出せる環境をつくっている。

◆徹底した表示で「見える化」を行う

今日きたスタッフでもすぐに同じ品質の仕事ができるよう、「作業手順」「やってはならないこと」「場所の表示」などを徹底して行う。

◆環境美化

大切な商品を預かっていることを自覚して、ほこり取りを現場のあらゆる場所に設置。

差別化の第一歩は、**「目につきやすいところ」の整理整頓**から始まります。

これは、**製造業にもサービス業にも物流業にも共通する原理原則**です。

心得 40

「成果が出ること」が最優先！「よいこと」は最後に回そう

吉川 「新しく始めた農業がうまくいきません。タマネギが育たないのですが、どうしたらいいですか？」

小山 「本業の業績はどうなの？　古本とか、古着とか」

吉川 「古着が赤字です」

小山 「**バカ！　アホ！　タコ！**　本業が赤字なのに、そんなことをしている場合じゃない。今すぐ農業をやめなさい！」

三流は、「よいこと」にこだわる
二流は、「損得」にこだわる
一流は、「成果」にこだわる

「よいこと」ではなく「成果が出ること」を

十数年前のことです。「ウィン ラスベガス ホテル」のバックヤードを視察したことがあります。

このホテルには、「お客様にとって『よいこと』は何でもする」という方針があります。バスケットコート2面分はありそうなワインセラーがあるのも、画面サイズ80インチ（1畳分）のプラズマテレビを一部の客室に設置しているのも、**「お客様にとってよいことはすべてやる」**という方針に従っているからです。

「お客様にとってよいことはすべてやる」——当時の武蔵野も同じように考えていました。

しかし、「ウィン ラスベガス ホテル」のほうが上手でした。

「ウィン ラスベガス ホテル」では、「よいこと」をする際に**「かかったコストをどのように回収するか」**を決めていたのです。コストがかかったら、その分を**「カジノ」で回収するしくみ**をつくっていました（カジノの隣に設置してあるATMの手数料を高くするなど）。

だから、「よいこと」にもお金を回すことができたのです。

多くの社長が「よいことをやろう」と考えます。けれど「よいこと」をしたからといって、結果が出る（お客様の数が増える、業績が上がる）とは限らない。回収の見込みがなければ、よいことは、ただちに「悪いこと」になってしまう。

コスト回収の見込みゼロなら、「よいこと」には手を出すな

プリマベーラの吉川社長は、「よいこと」に手を出して痛い目に遭ったことがあります。

プリマベーラの業務は、「リサイクル」です。そこに目を向けたあるコンサルティング会社から「事業の幅を広げ、タマネギの栽培（農業）をやってみないか」と声をかけられたのです。

タマネギの栽培に必要な液体肥料は、食品の残渣物（カス）などが使われています。つまり、「液体肥料を使って農業をやることはリサイクルになる」というわけです。

「生ゴミを肥料にして農業をやれば、社会貢献にもなるし、企業イメージもよくなる」と考えた吉川社長は、門外漢にもかかわらず、農業を始めました。

「メディアにも取り上げられたりして、すごく気分がよかったですね（笑）。ところが、1000万円くらい投じているのに利益はさっぱり……。親戚にタマネギを売りつけて、嫌な顔をされたこともあります（笑）」（吉川社長）

液体肥料を使った農業は、リサイクルの観点からも、エコロジーの観点からも、「よいこと」だと私も思う。吉川さんが間違っていたのは、「古着部門（本業）が赤字だったにもかかわらず、農業を始めた」ことです。吉川社長のやることは、古着部門の立て直しに全力を尽くすことであって、土日にタマネギの苗を植えることではない。だから私は「バカ！アホ！　タコ！」と叱りつけたわけです。

「小山さんに怒られて、目が覚めました。農業をやめて古着に力を入れたとたん、V字回復。その後は**6期連続で増収増益**を続けています」（吉川社長）

どれほど「よいこと」であっても、コスト回収の見込みのない計画は、やってはいけません。

中小企業の社長は、「よい計画」ではなく**「成果が出る計画」**を立てるべきです。

Column 7

車中の密談のすべてを知る謎の「タクシードライバー日誌」

私の次に「株式会社武蔵野」の実情に詳しい人物は、誰だと思いますか？

その人物は、意外なところにいます。毎朝私を迎えにくる**「タクシードライバー」**です。

わが社の幹部社員は、毎朝、ＪＲ荻窪駅でタクシーを手配し、私を迎えにきます（当番制）。早朝はタクシーがつかまりにくいので、ドライバーと定期契約をして、毎朝同じ時間に、同じ場所で待機してもらっています。

「金城タクシー」の金城清さんは、長年、私の送迎をしてくれたベテランドライバーです。

金城さんは、私と幹部社員の**「密室劇（朝の報告）」**の一部始終をすべて聞いていたので、「かばん持ち」の社長から、こんな冗談を言われたことがあるそうです。

「小山さんと武蔵野の社員さんは、毎朝、どんなやりとりをしているのですか？　とても気になります。もし録音をしてくれたら、高く買いますよ（笑）」

金城さんは、武蔵野と小山昇をどのように見ていたのでしょうか……？

「タクシードライバー・金城清の日誌」

1分1秒を大事にする小山社長ですが、意外なことに、朝のお迎えでは**「金城さん、急がなくていいですよ。飛ばさなくていいですよ」**と言われていました。

法定速度で走っても、ご自宅から本社まで30分あれば着けるのに、あえて、40～45分かけてゆっくり出社します。小山社長はよく道を知っているので、「ここを曲がって、あそこを曲がって……」と指示されたルートを走っていました（回り道をしていた）。時間をかけていた理由は、社員の報告をじっくり聞きたかったからでしょう。

部外者の私が、車内で行われていた会話を明かすわけにはいきませんが、報告の内容は、「部下の○○が家を買おうと考えている」「○○さんと××さんが交際している」といった、社員のプライベートにまで踏み込んだものでした。

社員の名前を知らない社長はたくさんいますが、小山社長は違います。小山社長が、社員のプライベートに興味を持つのは、「社員を守るためには、ある程度、個人情報を知って

Column 7

おく必要がある」と考えているからではないでしょうか。

幹部の方は、みなさん、緊張感を持って報告されていましたが、滝石さん（滝石洋子常務取締役）だけは、いつもリラックスしていましたね。幹部の多くがノートや「iPad」を見ながら報告をしているのに対し、滝石さんは何も見ず、アドリブで、それでもスラスラと報告をしていました。ふだんは「聞き役」に徹している小山社長も、滝石さんとは冗談を言い合っていたので、車内の空気も和やかでした。

一方で、幹部社員の報告が要領を得ないと、車内の空気がピリッとします。小山社長の機嫌が悪くなるからです（笑）。

人は緊張すると、早口になります。ある社員は、ドライバーの私が心配になるくらい話し方に余裕がなくて、「こんなに早口で話していたら、時間が持たないのではないか」と私が思った矢先、**15分でネタ切れ**。

小山社長は、「時間が足りなくて『もっと時間をください』と言ってくる社員もいるというのにおまえは……」とあきれ、なんと、**その社員をタクシーからおろしてしまったん**です。さすがに、これには驚きました（その後、更迭）。

朝からセミナーがあるときは、本社以外の場所、たとえば、品川のホテルに向かうことがあります。混雑していると、1時間近くかかる。お迎えする社員は、**1時間分のネタ**を用意しておかなければいけませんから、準備も相当大変だったと思います。高梨さん（高梨昌俊本部長）は、品川に行った回数が多かった気がしますね。

はっきり本人に聞いたわけではありませんが、小山社長は、**心理学**を学んでいるのではないでしょうか。どうしてそう思うのかというと、**社員のタイプや性格に合わせて「ほめる」と「叱る」を使い分けていた**からです。小山社長は人間心理をよく理解していて、「どのように指導すれば社員が伸びるのか」がわかっていたのでしょう。

時には、「かばん持ち」の社長が同乗することがありました。私もたくさんの「かばん持ち」を見てきましたが、**「勉強する意志を持っている社長」と、「それほどでもない社長」の違いは、なんとなくわかる**ようになりました。意志を持っている社長は、熱心にメモを取っている。でも、それほどでもない社長は、眠い顔をしているだけです。

私はこれまで、たくさんの経営者を乗せてきましたが、小山社長ほど「よく働く社長」はいません。会社経営のことはよくわかりませんが、それでも小山社長のお迎えを続けたことで、**「中小企業の成長は、社長の努力に比例する」**ことを教えていただいた気がします。

特別付録

三流が一流に一夜にして変身！ 3日で108万円払った社長も知らない！ 役立つ着眼点・習慣・秘録リスト24

最後に、3日で108万円（税込）の「かばん持ち」をしなくては経験できない、いや「かばん持ち」をした社長たちも知らない秘録リストを一問一答形式で紹介します。

01 イキのいい魚・悪い魚の見極め方

イキのいい魚は、目が透明です。目が赤くなっている魚は、鮮度が落ちています。
また、焼いたあと、お腹が割れたり、身がポロっとはがれる魚は新鮮です。
居酒屋のイケスの中を泳いでいる「アジ」は新鮮に見えますが、餌を十分に与えられていなかったり、狭い環境によるストレスを感じていることがあるので、おすすめしません。イカは透き通ったものがよく、「通常の3倍の値段でもいいから、〝イカの肝〟をください」と言うと、一目置かれます。アユは口がとがっていて、体の横に赤い線が現れているものが天然モノです。

02 高級クラブやレストランの見極め方

早い時間から（オープン後すぐ）黒服とボーイが多い高級クラブは、人気店の証拠です。レストランは、コック（料理人）の数が多いと繁盛店です。

03 寿司屋の選び方

「寿司以外のメニュー」に力を入れているお寿司屋さんには行きません。ネタが氷の上に載っている店はレベルが高い。楊枝が〝黒文字〟（黒文字楊枝）なら間違いない。

04 焼肉屋・焼き鳥屋の選び方

「塩」のメニューが充実しているお店に行きます。「タレ」で味をごまかせないからです。

05 ワインの選び方

ワインの味は、飲む前にわかります。ワインは、「ビン」で選びます。ビンが重い、ビン底にくぼみがあって、「でべそ」がある。コルクが長いワインは、いいワインです。また、ワイングラスが大きめでガラス自体が薄いのはいいお店です。

06 日本酒の選び方

日本酒は「杜氏《とうじ》（醸造工程を行う職人）」を見て、誰がつくっているかで選びます。開封後は、できるだけ早く飲むのが基本です。

07 焼酎の選び方

貯蔵年数3年以上の「古酒」を選びます。

08 パチンコ店の選び方

店内をよく観察し、お客さんがたくさん入っている店、客数が伸びている店を選びます。

「台移動可」の店や、店長がライバル店を常に視察している店はいい店です。

09 初めて行く居酒屋の選び方

同じ種類のボトルがたくさん並んでいるお店（ボトルキープしてあるお店）に入ります。

10 異性にモテるコツ

いつも楽しく、まじめぶらずにヘラヘラ笑っていると、なぜかモテます。クラブなどで本当にモテる人は「金離れ」がよく、いつまでも長居をしない人です。

11 健康でい続けるコツ

自分に合った健康法を続けること。私の場合は、森林浴と湯治（硫黄泉）。あとは、夜の12時前に寝れる人と寝れない人の生涯の差は大きい。寝るのはタダです。30歳をすぎたら深酒しない。40歳をすぎたら夜12時前に、50歳をすぎたら夜10時に、60歳をすぎたら夜9時に寝る。食事は極力天然ものを食べる。サプリメントは使わない。クスリを逆から読むと、「リスク」なので極力飲みません。一部分より「全体最適」を心がけます。

12 社員に好かれるコツ

何があっても会社をつぶさないこと。社員にとっては、「退職まで仕事があること」こそが最大の福利厚生です。あと、社員に「語らない」こと。社員の話を「聞いてあげる」と好かれます。

13 脳をいつまでも若く、物忘れしないコツ

手を使う（動かす）。すぐメモを取って、メモを見に行くしくみをつくる。使ったものは、いつも「同じ場所」「同じ位置」に戻す。

14 孤独な社長業で、モチベーション維持・アップのコツ

社長は「社長の友達」がいないと孤独になります。他業種でもいいので、「社長の友達」をつくることです。同業の場合は、競合関係にならないように「離れた地域の社長」を友達に選びましょう。

15 死にたいほど嫌なことがあったとき、すぐに立ち直るコツ

そもそも、「死にたいほど嫌なこと」などない、と考えています。越えられない試練はやってきません。でも、自分ひとりで解決しようとすると心が傷つくので、信頼できる人に相談します。

16 常に現状に満足せず、「頂上」に行く習慣

社員が「この会社は大丈夫だ」と安心したとたん、成長が止まります。直近の武蔵野の業績は過去最高売上・最高利益を更新しましたが、社員に変化と危機意識を植えつけるため、積極的な人事異動を行っています。２０１５年冬の賞与は、前年比20％アップ（総額）でしたが、賞与支給後、わずか1か月の間に、幹部社員（課長以上）の半分を異動させました。２０１６年4月には一般社員の半分を異動させます。

17 この本だけは、10回読みなさい

能力のある人は、いろいろな本をたくさん読んだほうがいいと思います。でも、私のよ

うに能力の低い人間は、同じ本を繰り返し読んで深掘りしたほうが身につきます。私は、『白昼の死角』（高木彬光著／光文社文庫）を20回以上読んで、15回目に驚きの事実にたどりついた――「完全犯罪の本質は〝整頓〟だった」ことを……。それに気づいたのは、ごく最近のことです。

18 この映画だけは、絶対見なさい

『サウンド・オブ・ミュージック』です。この映画は、上映する国によって「終わり方」が違います。「この国では、どのようなエンディングが好まれるか」を顧客視点に立って考えてあります。商売でも必要な「これが正しい」という唯一無二の正解はないことに気づかせてくれる貴重な映画です。

19 こんな異性とは絶対つき合ってはいけない

「異性の親友が多い人」とつき合うと、長続きしない気がします。

20 こんな学校に子どもを通わせてはいけない

「先生が生徒を叱らない学校」には入れないほうがいいと思います。反対に、遠足や運動会、山登りなど積極的に自分の限界にチャレンジさせる学校、先生が子どもをきちんと叱る学校はいい学校です。子どものときから「小さなストレス」にさらされていると、心の強い人間に育ちます。また、子どもの小遣いは、父親が現金手渡しであげるべきです。

21 こんな会社に子どもを入れてはいけない

社員旅行や入社式といったイベントがない会社はダメな会社です。社員同士のコミュニケーションが不足します。また、「会社の数字」や「社長の行動」を公開しない会社は、社員が不公平感を覚えるので、好ましくありません。

22 絶対後悔しない友達の選び方

社会通念上許される範囲内（犯罪にならないギリギリの範囲内）で、イタズラを一緒にやったような「悪友」や「戦友」をつくっておくと、深い絆で結ばれます。

23 絶対後悔しない運の引き寄せ方

「1円」でも落ちていたら拾うことです。「幸運」は向こうからやってくるものですが、「強運」は自分からつかみにいくものです。JR新宿駅の1日平均乗降者数は、約335万人（2013年）で、世界一利用者の多い駅としてギネスブックに認定されたこともありますが、仮に新宿駅で1円玉を拾ったとしたら、それは、強運である証拠ではないでしょうか。

また、お墓参りを徹底します。私の仲人をやってくれた方のお墓参りは広島でしたが、20年連続で行きました。実の親の墓参りは年3回（1月、5月、8月）。武蔵野の創業者の命日（2月24日）は社員全員で墓参り。すっかり当社の文化になりました。

24 絶対後悔しない小山式神社参拝法

まず、神社で写真を撮ってはいけません。初詣は、地元の氏神様が祀られている神社に行きます。どんなに境内が混んでいても、拝殿までは「真ん中」を歩くようにします。「新しい1年も、ブレずに、まっすぐ歩いていこう」という気持ちの表れです。お賽銭額は、縁起よくゾロ目で、「1万1111円」です。神様だって、一度に何百、何千、何万人もの願いをかなえることはできません。きっと、優先順位をつけているはずです。だとすれば、「お賽銭額が多い人からかなえようとする」のではないでしょうか（笑）。その後、二礼二拍手一礼。お願いごとはできるだけ具体的に、数値もリアルにします。参拝に訪れる時間は、定点観測のため、毎年元日の午後5時ごろ。あえて夕方を選んでいるのは、景気動向を窺い知るためです。不思議なもので、景気のいい年はこの時間でも人であふれ、景気の悪い年はサ〜っと人が引いていきます。

【著者プロフィール】

小山 昇（こやま・のぼる）

株式会社武蔵野代表取締役社長。

1948年山梨県生まれ。東京経済大学を卒業し、日本サービスマーチャンダイザー株式会社（現在の株式会社武蔵野）に入社。一時期、独立して株式会社ベリーを経営していたが、1987年に株式会社武蔵野に復帰。1989年より社長に就任して現在に至る。

「大卒は２人だけ、それなりの人材しか集まらなかった落ちこぼれ集団」を毎年増収増益の優良企業に育てる。

2001年から同社の経営のしくみを紹介する「経営サポート事業」を展開。

現在、600社以上の会員企業を指導しているほか、「実践経営塾」「実践幹部塾」「経営計画書セミナー」など、全国各地で年間240回以上の講演・セミナーを開催。

1999年「電子メッセージング協議会会長賞」、2001年度「経済産業大臣賞」、2004年度、経済産業省が推進する「IT経営百選最優秀賞」をそれぞれ受賞。日本で初めて「日本経営品質賞」を２回受賞（2000年度、2010年度）。

2004年からスタートした、３日で108万円の現場研修（＝１日36万円の「かばん持ち」）が年々話題となり、現在、70人・１年待ちの人気プログラムとなっている。

『【決定版】朝一番の掃除で、あなたの会社が儲かる！』『朝30分の掃除から儲かる会社に変わる』『強い会社の教科書』（以上、ダイヤモンド社）、『99％の社長が知らない銀行とお金の話』『無担保で16億円借りる小山昇の“実践”銀行交渉術』（以上、あさ出版）、『【増補改訂版】仕事ができる人の心得』（CCCメディアハウス）などベスト＆ロングセラー多数。

【ホームページ】
http://www.m-keiei.jp/

1日36万円のかばん持ち
——三流が一流に変わる40の心得

2016年2月18日　第1刷発行
2016年3月15日　第3刷発行

著　者 ———— 小山 昇
発行所 ———— ダイヤモンド社
〒150-8409　東京都渋谷区神宮前6-12-17
http://www.diamond.co.jp/
電話／03・5778・7234（編集）　03・5778・7240（販売）

装　丁 ———— 石間 淳
編集協力 ———— 藤吉 豊（クロロス）
本文デザイン・DTP — 斎藤 充（クロロス）
製作進行 ———— ダイヤモンド・グラフィック社
印　刷 ———— 文唱堂印刷
製　本 ———— 本村製本
編集担当 ———— 寺田庸二

ISBN 978-4-478-02860-5